民國歷史與文化研究

二 編

第 12 冊

中國八年抗日戰爭日程實錄(下)

張在廬◎主編
李秀勤 張雲超 李曉東◎編著

花木蘭文化出版社

國家圖書館出版品預行編目資料

中國八年抗日戰爭日程實錄（下）／張在廬 主編 李秀勤 張
雲超 李曉東 編著 — 初版 — 新北市：花木蘭文化出版社，
2015〔民 104〕

目 4+206 面；19×26 公分

（民國歷史與文化研究 二編；第 12 冊）

ISBN 978-986-404-280-7（精裝）

1. 中日戰爭

628.08   104012463

ISBN- 978-986-404-280-7

9 789864 042807

民國歷史與文化研究

二 編 第十二冊   ISBN：978-986-404-280-7

中國八年抗日戰爭日程實錄（下）

作　　者　張在廬 主編 李秀勤 張雲超 李曉東 編著
總 編 輯　杜潔祥
副總編輯　楊嘉樂
編　　輯　許郁翎
出　　版　花木蘭文化出版社
社　　長　高小娟
聯絡地址　235 新北市中和區中安街七二號十三樓
　　　　　電話：02-2923-1455 ／傳真：02-2923-1452
網　　址　http://www.huamulan.tw 信箱 hml 810518@gmail.com
印　　刷　普羅文化出版廣告事業
初　　版　2015 年 9 月
全書字數　218111 字
定　　價　二編 24 冊（精裝）台幣 45,000 元

中國八年抗日戰爭日程實錄(下)

張在廬　主編
李秀勤　張雲超　李曉東　編著

第六章　1941 年：上高大捷　再戰長沙　失守中條

1941 年 1 月　皖南事變爆發

1 月 2 日

〔1〕日機 12 架轟炸昆明東南部。4 日，又轟炸昆明飛機場、發電廠及滇緬路數處。

1 月 4 日

〔1〕葉挺、項英率新四軍軍部及所屬部隊 9 千餘人開始北移，由涇縣雲嶺出發，計劃經茂林、越丕嶺，取道旌德、寧國、郎溪到蘇南溧陽，然後從鎮江渡江北上到蘇北的路線前進。5 日到達茂林地區。

〔2〕同日，國民政府發表公報：中日開戰以來，日軍傷亡 1,794,402 人。中國長江炮兵擊毀日艦 200 餘艘。

1 月 5 日

〔1〕中共吉東、北滿省委負責人周保中、李兆麟、馮仲雲等在伯力開會，研究東北抗日游擊戰爭進入極端艱苦階段的對策。

〔2〕皖南事變爆發。新四軍皖南部隊在茂林地區遭國民黨第三戰區顧祝同、上官雲相預先部署好的 7 個師 8 萬餘人的包圍進攻，被迫抗擊，血戰 8 晝夜，終因彈盡糧絕，除黃火星、傅秋濤率部約 2000 人突出重圍外，一部被

俘，其餘大部壯烈犧牲。軍長葉挺在 14 日與上官雲相談判時被扣，項英和周子昆突圍後於 3 月 13 日被叛徒劉厚聰暗殺，袁國平在突圍時自殺犧牲。

1 月 11 日

〔1〕周恩來就新四軍被圍攻事向張沖提出抗議。並指示《新華日報》將國民黨襲擊新四軍的陰謀透露出去。當晚召集南方局緊急會議，研究事變後的形勢和鬥爭方針。

注：張沖精通俄語，去過蘇聯，到過延安，能在國共兩黨和蘇聯三方之間斡旋。張沖能與周恩來交流溝通，蔣介石也很放心。使張沖成為蔣之「特使」。

〔2〕日軍 7000 餘人「掃蕩」魯西抗日根據地。

1 月 12 日

〔1〕宋慶齡、柳亞子、何香凝等為皖南事變在香港發起抗議運動，並於本日、26 日和 2 月 9 日，三次電蔣介石，要求國民黨政府懸崖勒馬，「撤銷剿共部署，解決聯共方案，發展各種抗日實力，保障各種抗日黨派活動」。

1 月 13 日

〔1〕朱德、彭德懷通電全國，抗議皖南包圍襲擊新四軍事件。

1 月 17 日

〔1〕國民政府軍事委員會發表所謂「新四軍叛變」經過，並宣佈「取消其番號，該軍長葉挺革職交軍法審判，依法懲治，副軍長項英潛逃。逐令嚴緝歸案審辦」。

〔2〕同日，周恩來嚴斥何應欽，向國民黨政府提出嚴重抗議。指示《新華日報》寫出「皖南事變」真相的系統報導和反對蔣介石反動命令的評論文章。

1 月 18 日

〔1〕中共中央發言人發表談話，揭露皖南事變的真相，痛斥蔣介石 1 月 17 日的反動命令，聲討國民黨頑固派摧殘抗日力量，破壞統一戰線的罪行。同日，中共中央並發出「關於皖南事變的指示」，要求各抗日根據地抗日武裝充分提高警惕，作好戰鬥準備。

〔2〕同日，國民黨新聞檢查機關扣壓《新華日報》關於皖南事變眞相的報導和評論文章，報紙開了天窗。凌晨，周恩來奮筆疾書寫了「爲江南死國難者誌哀！」和「千古奇冤，江南一葉，同室操戈，相煎何急？」的挽詩刻在天窗的版面上。

〔3〕延安《新中華報》發表《抗議無法無天之罪行》的重要社論。中共在上海、香港等地利用各種方式公佈了皖南事變的眞相。

〔4〕日本天皇裕仁裁定《對華長期作戰指導計劃》，提出要對中國「力求加強地面、海上及空中的封鎖。切斷法屬印度支那通道，阻止緬甸通道，以海軍封鎖海面及以陸軍兵力封鎖海港作戰並行，加強在經濟上對中國進行壓迫」。

1 月 19 日

〔1〕日機連日襲雲南箇舊、昆明，湖南衡陽，江西鄱陽。

1 月 20 日

〔1〕中共中央革命軍事委員會重建新四軍軍部的命令，任命陳毅爲代理軍長，張雲逸爲副軍長，劉少奇爲政治委員，賴傳珠爲參謀長，鄧子恢爲政治部主任。

1 月 22 日

〔1〕中共中央軍委發言人對新華社記者發表談論，揭露國民黨破壞抗戰，實行反共的方針，向國民黨政府提出了取消 17 日的反動命令、懲辦皖南事變的禍首等 12 條要求。

1 月 23 日

〔1〕陳毅等發表「新四軍將領就職通電」，並呼籲全國人民「拒絕內戰，一致對敵」。

1 月 24 日

〔1〕信陽日軍沿平漢線北上發動攻勢，連陷正陽、確山、汝南等 8 城，襄陽一路則侵入南陽。國民黨蔣鼎文部聞風而逃。

1 月 25 日

〔1〕侵華日軍在冀東豐潤縣潘家峪村製造大屠殺慘案。當日，日軍在遷安、灤縣、盧龍、遵化、豐潤等處集中了日軍五百餘人、僞軍千餘人。駐豐潤日本顧問佐佐木二郎指揮下，於上午九時分進合圍潘家峪，開始對村內居民進行慘無人道的燒殺行爲。潘家峪全村 1537 人被日寇慘殺者 1035 人（其中兒童婦女有 658 名），負重傷者 84 人。村中全家絕戶 30 餘家，燒毀房屋 1100 間。

〔2〕豫南戰役開始。日軍 5 萬餘人自信陽、確山、駐馬店分兵六路向豫南發動攻勢；湖北當陽日軍則北犯。桂軍莫樹杰第八十四軍奉命在息縣集結，隨即向日軍右翼四十師團之側後攻擊。在友軍協同下，迫使該敵於 30 日停止進攻。八十四軍經長官部同意後，以急行軍速度開赴商城。當晚，軍部即到達商城。此時，經我軍阻擊，日軍無機可乘，已退回原防。二十一集團軍遂命令所屬各部全線出擊，以配合第九戰區長沙作戰。

1 月 26 日

〔1〕信陽日軍沿平漢線北上發動攻勢，連陷正陽、確山、汝南等 8 城，襄陽一路則侵入南陽。

1 月 27 日

〔1〕河南日軍攻陷確山、邢店、高邑、汝陽之線。至 28 日，又陷汝南、遂平。

1 月 29 日

〔1〕羅斯福的代表居里由美來華。

〔2〕日機 27 架空襲昆明。

〔3〕同日，新四軍新的軍部在蘇北鹽城成立，並根據中共中央指示進行整編部隊。全軍擴編爲 7 個師 1 個獨立旅（浙東縱隊）：第一師師長粟裕、政治委員劉炎，第二師師長張雲逸（兼）、政治委員鄭位三，第三師師長兼政治委員黃克城，第四師師長兼政治委員彭雪楓，第五師師長兼政治委員李先念，第六師師長兼政治委員譚震林，第七師師長張鼎丞、政治委員曾希聖，全軍共計 9 萬餘人。

〔4〕東北抗聯第三路軍第十二支隊由三肇地區轉移到呼蘭城等地活動。

1 月 30 日

〔1〕周恩來將中共解決時局 12 條辦法交給國民黨代表張沖。

〔2〕一月份，應英國之邀，國民政府組成印、緬、馬軍事考察團，以軍事委員會辦公廳主任商震為團長，蔣介石侍從室主任林蔚為副團長，率第五軍軍長杜聿明及陸海空人員 10 人，赴印度、緬甸、馬來亞考察軍事。雙方擬定了中英合作的防禦計劃，由中國方面預備 10 個軍兵力，隨時開赴緬甸，策應印度和馬來亞。

1 月 31 日

〔1〕泰國、法國、日本三國代表簽訂《泰越停戰協定》，從此日本勢力進入泰國。

1941 年 2 月　廣東北海、淡水我軍擊退登陸日軍

2 月 2 日

〔1〕中國印度間開闢直達航空線，由重慶經臘戍、加爾各答至新德里。

2 月 3 日

〔1〕日軍在廣東西部海岸之北海、電白各處強行登陸。

2 月 4 日

〔1〕日軍一部在大亞灣登陸，侵佔淡水，切斷了香港通往韶州的運輸線。

2 月 5 日

〔1〕中國第四戰區第三游擊區部隊（司令袁帶）在廣東中山縣擊落日本海軍大型運輸機一架，日本海軍大將大角岑生等九人被擊斃。大角岑生死前曾任日本海軍省大臣、軍事議定官等職，被天皇封為男爵，1931 年 4 月晉升為海軍大將。當日，大角岑生一行從廣州起飛，由 6 架戰鬥機護航，飛往海南島準備就任南太平洋艦隊司令官。大角是抗戰中被中國武裝擊斃的日本海軍最高級將領。

〔2〕國民黨中央文化運動委員會成立。

2 月 8 日

〔1〕蔣介石本日接到美國總統羅斯福盼國共兩黨繼續合作抗日函。

2月10日

〔1〕中共 7 位參政員致電第二屆國民參政會秘書處，提出皖南事變後處理辦法 12 條，並聲明在政府未予解決前礙難出席參政會。

〔2〕同日，周恩來和各黨派代表黃炎培、沈鈞儒、鄒韜奮、章伯鈞、左舜生、張君勱聚談中共拒絕參加參政會的方針。

〔3〕同日，蔣介石接見美國總統特使時謂：『第一目的為抵抗日寇，求取最後勝利；第二目的為阻止中國成一赤化之共產國家。』

2月11日

〔1〕日寇陷廣東蘆苞。我軍在廣東北海、淡水擊退登陸之日寇。沿海失陷各縣相繼克復。

2月14日

〔1〕美國紅十字會捐助中國之各種醫藥用品 50 卡車，由滇緬路運至中國內地。

〔2〕羅斯福代表居里在重慶會見周恩來時表示，美國贊助中國統一，反對日本。

2月15日

〔1〕美總統羅斯福稱，中日戰爭與歐洲戰爭相關聯，他頗關懷中日戰爭。美國成立租借法案，中國將獲得租借物資。

〔2〕日軍華北方面軍制定「治安強化運動」實施計劃。

2月18日

〔1〕新四軍第一師討伐偽軍李長江部，給日、偽軍以沉重打擊。

2月21日

〔1〕商震、林蔚謁見蔣介石，報告軍事考察團抵仰光及緬甸各地考察情形。

2月22日

〔1〕日機轟炸滇緬路，箇舊錫礦亦遭破壞。

2 月 25 日

〔1〕蔣介石接見居里話別時，提出中國在美購買飛機及補充器材辦理的備忘錄，要其轉交羅斯福。

2 月 26 日

〔1〕日軍大本營下達封鎖中國沿海的命令。

〔2〕八路軍第一一五師教導第五旅奉命由魯南挺進蘇北，編爲新四軍獨立旅。

〔3〕日軍華北方面軍召開會議，制定 1941 年度「肅正建設計劃」。

2 月 28 日

〔1〕中共中央決定向張沖口頭提出臨時解決辦法 12 條，以第二個 12 條作爲出席參政會的條件，但國民黨仍拒絕接受。

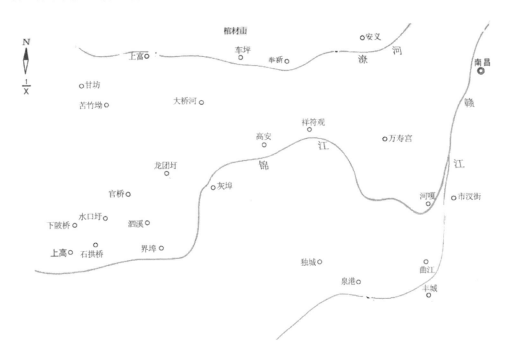

上高地區形勢示意圖

1941 年 3 月　上高戰役重挫日軍

3 月 1 日

〔1〕第二屆國民參政會在重慶開幕。鑒於「皖南事變」問題，中共參政員未出席。

〔2〕日本政府任命前陸相畑俊六繼西尾壽造任支那派遣軍總司令。

3 月 2 日

〔1〕中共參政員毛澤東、董必武、鄧穎超等提出臨時解決辦法 12 條，致函國民參政會，作爲出席會議的先決條件。

〔2〕著名華僑領袖、國民參政員陳嘉庚致電全體參政員，呼籲團結，反對蔣介石的倒行逆施。

3 月 3 日

〔1〕日僞軍 1000 餘人「掃蕩」冀魯豫抗日根據地濮陽東南地區。

3 月 6 日

〔1〕蔣介石在參政會上對共產黨參政員不出席會議，謂：「希共黨服從軍令，遵守建國綱領，對抗命亂紀必加制裁」；另方面被迫表示保證「以後再亦決無剿共的軍事」。

3 月 9 日

〔1〕美國政府通過居里正式向蔣介石聲明：「美國在國共糾紛未解決前，無法大量援華，中美間的經濟、財政等各種問題不可能有任何進展」。

〔2〕東北抗聯北野營臨時黨委召開擴大會議，總結東北抗日游擊戰爭的經驗教訓。

3 月 10 日

〔1〕第二屆國民參政會閉幕，董必武仍被選爲駐會委員。

3 月 13 日

〔1〕中國軍隊在安慶東南新河口擊沉日艦 1 艘。

3 月 14 日

〔1〕蔣介石約請周恩來面談，答應提前解決國共間的若干問題。

〔2〕成都空戰，日機被擊落 6 架。

3 月 15 日

〔1〕上高會戰開始（日軍稱之爲錦江作戰或鄱陽作戰），日軍由安義沿潦河進陷奉新。日軍第三十三師團、第三十四師團、混成第二十旅團分成三路對錦江連岸高安、上高一帶的第十九集團軍進行攻擊。目的是鞏固南昌外圍陣地。北路第三十三師團由安義向奉新進攻，中國軍隊第七十軍進行阻擊；南路混成第二十旅團至錦江南岸向西攻擊；中路主力第三十四師團沿湘贛公路西犯，企圖壓迫包圍中國第十九集團軍主力於上高地區。戰役發起前，中國第十九集團軍已經發現日軍作戰企圖，並採取了誘敵深入至預定戰場殲滅的作戰計劃。戰役初期，中國守軍依託一、二線陣地節節抗擊，遲滯並消耗日軍。次日，日軍佔領高安。

〔2〕中共中央北方局發出《關於敵佔區及接敵區工作的指示》。

3 月 17 日

〔1〕八路軍山東縱隊爲粉碎敵之「囚籠政策」，進行反「掃蕩」戰役。

〔2〕美總統羅斯福在白宮發表演說，宣佈中國可根據美國軍火租借方案獲得軍火援助，並稱：「千千萬萬的普通中國人民，在抗拒中國被敵人宰割中顯示出同樣偉大堅強的意志，中國通過蔣介石委員長要求我們提出幫助，美國已經答覆，中國毫無疑問地將得到我們的幫助。」次日，蔣電謝羅斯福總統重申援華，並「保證中國繼續作戰至勝利」。

〔3〕參加上高會戰的北路日軍第三十三師團在追擊過程中，遭到中國第七十軍、第七十二軍圍攻。激戰兩日後，日軍第三十三師團遭到重大傷亡後突圍而出，撤出戰場並轉入休整。此舉造成中路進攻的日軍第三十四師團失去側翼配合，形成孤軍深入的形勢。

〔4〕同日，中國第九戰區針對日軍可能對長沙發起的攻勢，制定反擊作戰計劃。

3 月 18 日

〔1〕中共中央發出關於《打退第二次反共高潮後的時局》的指示。

〔2〕上高會戰中，北路日軍第三十三師團要調往晉南戰場，二一四聯隊

開始後撤。第三十四師團佔領高安後繼續向西突擊，遭到中國第七十四軍頑強阻擊。

3月19日

〔1〕中國民主政團同盟成立大會在重慶上清寺成立。推舉黃炎培爲中央常務委員會主席（後出國，由張瀾接任）、左舜生爲總書記、章伯鈞爲組織部長、羅隆基爲宣傳部長。包括中國青年黨、國家社會黨、中華民族解放行動委員會、中華職業教育社、鄉村建設協會及社會賢達。到 1944 年 9 月取消「政團」二字，改稱中國民主同盟。

〔2〕上高戰場南路日軍第二十旅團在來脊嶺、豬頭山一帶，受我軍劉多荃第四十九軍包圍攻擊，傷亡慘重。又遭第七十四軍五十一師阻截，迭遭覆滅，無法前進，乘夜與中路會合。北路二一五聯隊也開始後撤。我七十軍預九師、第十九師隨其後到大棠浦、南茶羅一帶，向官橋、泗溪敵後方攻擊。

3月20日

〔1〕上高戰場中路日軍第三十四師團強渡泗水，側後受我七十四軍五十七師猛烈攻擊，第二一六聯隊二大隊大隊長白木下重四郎以下幾乎全軍覆沒。南路混成第二十旅團到達灰埠，向西前進與中路之敵會合。

3月21日

〔1〕中路日軍第三十四師團目標繼續向上高推進。次日，敵指揮所設在上高以北畢家莊，企圖攻佔上高。我第七十四軍兩個師奮勇阻擊，死守外圍核心陣地。

3月22日

〔1〕中國軍隊在上高前線發起反攻。日軍向上高方向進攻的第三十四師團，經過與中國第七十四軍的激烈戰鬥後，雙方損失慘重。中國軍隊趁第三十四師團右翼因第三十三師團後撤而暴露，以第七十八軍向第三十三師團發起反擊以牽制對方，而以第七十、第七十二軍南下側擊第三十四師團右翼，以第四十九軍攻擊其左翼，逐漸對日軍第三十四師團和混成第二十旅團形成合圍。

3月23日

〔1〕日本外相松岡洋右抵莫斯科，與斯大林談中立條約。

〔2〕今日，我韓全樸第七十二軍到達戰場。日軍第三十四師團被我九個師包圍在以其指揮所畢家莊爲中心的周圍十多公里範圍地帶，敵師團長大賀茂緊急求救。第十一軍部緊急調來已經調回準備去晉南的三十三師團人馬回援。

3 月 24 日

〔1〕中國軍隊在上高地區將日軍第三十四師團包圍。當日，中國第十九、第三十集團軍的三個軍（七十、七十二、四十九軍）分別從兩翼完成對日軍第三十四師團及混成第二十旅團的合圍，並逐漸壓縮包圍圈，在正面第七十四軍的協同下展開圍攻。日軍第三十一師團師團長大賀茂中將一面命令在飛機掩護下突圍，一方面向武漢第十一軍司令部求援。第十一軍急令第三十三師團及其它後方部隊接應突圍。

3 月 25 日

〔1〕國民黨五屆八中全會在重慶開幕。

〔2〕日軍回援的三十三師團第二一五聯隊向官橋急進，被包圍的三十四師團向外突圍，兩師會合。我軍迅速行動，對會合的敵軍完成第二次包圍，向其猛烈攻擊。

3 月 26 日

〔1〕中國軍隊王耀武第七十四軍，協同李覺第七十軍第十九師、韓全樸第七十二師攻佔泗溪，將敵軍壓迫在官橋、南茶羅一角之地。

3 月 27 日

〔1〕在上高地區被包圍的日軍第三十四師團與解圍的第三十三師團會合。日軍護送 7～8 公里長的傷員擔架隊，不斷遭到中國軍隊的圍追堵截，加上連下大雨造成道路毀壞，重炮因無法行動被全部丟棄。被包圍的敵軍，在我第七十軍一〇七師、七十二軍新十五師的結合部，突破缺口，向東逃竄。我各軍設伏截擊，敵軍死傷慘重。

3 月 28 日

〔1〕日軍第三十四師團野炮兵陣地被我七十四軍攻入，全部被擊斃，殿

後者亦全殲。岩永少將指揮官受重傷。第三十三師團處境同樣困難。退到泗溪西北，處處遭到中國軍隊攻擊。彈藥用盡，只得靠空投供應。

3月30日

〔1〕三日來中國軍隊連續收復失地。日軍進攻上高不逞，死傷甚眾，日軍被迫東竄，上高戰役結束。

〔2〕華北日偽軍開始實行第一次「治安強化運動（至4月3日）」。自此至1942年，先後共推行五次：第二次（7～9月）；第三次（11～12月）；第四次（1942年3～6月）；第五次（10月）。大肆燒殺淫掠，使華北各抗日根據地遭受嚴重損失。

1941年4月　日軍在閩江口登陸佔領福州

4月1日

〔1〕中共中央山東分局決定：將全省劃分為膠東、清河、冀魯邊、魯中、魯南、魯西6個戰略區。

〔2〕中共陝甘寧邊區中央局公佈《陝甘寧邊區施政綱領》。

〔3〕在蘇聯伯力和雙城子野營中休整的東北抗聯部隊，準備分批返回東北，繼續堅持抗日游擊戰爭。

4月2日

〔1〕中國取得上高會戰的完全勝利。當日，中國第四十九軍攻佔西山、萬壽宮，第七十軍重占奉新城，全部恢復了戰前態勢。在18天的作戰中，日軍投入兩個半師團的兵力，中國投入了5個軍的兵力。中國軍隊在此次會戰中，始終掌握著戰場主動權，殲滅日軍約1萬5千人，自身傷亡2萬餘人。但由於會戰後期，中國參戰部隊攻擊精神與攻擊力量太弱，導致日軍第三十四師團和混成第四十九旅團殘部拖著大批傷員突圍而出。

4月6日

〔1〕數百華僑團體致電蔣介石，抗議槍口對內，要求恢復新四軍番號，釋放葉挺軍長。

4月9日

〔1〕日偽軍5 000餘人「掃蕩」蘇中泰州、泰興、靖江地區。

4月10日

〔1〕日軍第十一軍司令官圓部和一郎以上高戰役失敗被免職。遺缺由阿南惟畿接任。

4月12日

〔1〕日軍集中1萬餘人兵力，向冀魯豫地區八路軍第二縱隊實施合圍「掃蕩」。

4月13日

〔1〕蘇、日在莫斯科簽訂中立友好條約（5條），有效期5年，並發表宣言，互相尊重所謂「蒙古人民共和國」與「滿洲國」雙方領土完整與「神聖不可侵犯」。

4月14日

〔1〕國民政府外交部長王寵惠對「蘇日共同宣言」發表聲明，東北四省及外蒙主權，不容第三國妨害。

4月15日

〔1〕閩江南岸我軍收復福清。

〔2〕羅斯福與胡適大使及宋子文研商租借物資運往中國問題。羅斯福批准第一批價值4500萬美元的援華軍用器材。

4月16日

〔1〕日、美兩國代表在華盛頓秘密會談，提出「日美諒解方案」。

4月18日

〔1〕日機18架空襲重慶。

4月19日

〔1〕第一次福州戰役起始。當日凌晨，侵華日軍第四十八師團主力及第十八師團佗美支隊（佗美浩指揮的四個步兵大隊），在第二分遣華艦隊協同

下，在閩江口附近登陸。登陸日軍擊退中國第二十五集團軍所屬部隊及福建省保安部隊。

〔2〕日軍進犯長樂縣城。第七十五師胡廣平營指派一個機槍連五十多名戰士阻擊日軍。兩小時後，日軍大部隊趕到，飛機猛烈轟炸守軍陣地，守軍傷亡過半，周桐軒連長和一名排長殉職，阻擊失利，長樂縣城陷落。入侵連江的日軍從浦口鄉登陸後，守軍第七十五師一個團，在西門外蓮湖頭抵抗了一陣，打死打傷二十多名日軍。日軍大部隊趕到，敵眾我寡，守軍撤出陣地，連江縣城陷落。

〔3〕日陸軍第十三軍第五步兵師團在中國浙江省的甬江口、寧波、石浦、海門和溫州地區登陸，並進犯諸暨、永嘉。

4月20日

〔1〕浙江省的永嘉、平陽、瑞安、樂清、玉環、臨海、黃岩、海門等縣在22日前後相繼淪陷。日寇運走軍用物資及螢石，運不走的就地銷毀，留下部分軍隊防守，其餘撤回吳淞。

〔2〕寧波淪陷。

〔3〕新四軍蘇中軍區成立。

〔4〕日軍進犯福清縣城，遭到陳俊盛和程文龍率領的民眾武裝一百多人頑強阻擊，達六個小時。日軍炮火猛烈轟擊，飛機盤旋掃射，守軍傷亡慘重，彈藥不繼，陳俊盛和程文龍先後壯烈殉難，九名水警隊員和二十名自衛隊員為國捐軀。日軍於當天從松下攻佔福清的海口鎮，第二天佔領縣城。

4月21日

〔1〕日本海軍侵入福州、日軍分兵多路圍攻福州。駐守福州地區的第一百軍，軍長陳琪平時備戰不力，疏於防範，得知日軍大舉入侵時，又不戰而退。21日，福州陷落。

4月23日

〔1〕浙東日軍侵入奉化、慈谿。

4月24日

〔1〕清晨，在上海法租界孤軍營謝晉元率官兵出操，發現幾名士兵缺席，

親往傳詢，已被汪僞特務機關收買的這幾個民族敗類，用匕首將謝晉元刺死。謝晉元時年 37 歲。

4 月 25 日

〔1〕蔣介石爲謝晉元在上海法租界孤軍營被奸徒阻擊逝世，通令全國悼念。

〔2〕中、美與中、英平衡基金協議，在華盛頓簽字，美國供中國 5000 萬美元，英國供中國 500 萬鎊。

〔3〕淮南津浦路東軍民展開反「掃蕩」作戰。

4 月 26 日

〔1〕福建國軍克復長樂。

1941 年 5 月　日軍攻佔中條山

5 月 1 日

〔1〕滇緬公路管理委員會成立。

5 月 2 日

〔1〕中國軍克復溫州。

5 月 3 日

〔1〕日機 63 架空襲重慶。

〔2〕中國軍克復海門、平陽、永嘉。5 日克復里安。

〔3〕日本向美國提議簽訂日、美中立條約。

5 月 4 日

〔1〕八路軍總部組織冀南破擊戰，發動 7 萬民眾配合部隊行動。

5 月 6 日

〔1〕美國政府把租借法擴大到中國。

〔2〕中國第二十五集團軍李良榮第一縱隊到達閩江左岸的大目埕，繼而進至蘭田。裝備團趕赴前線阻截日軍沿閩江進擾。

5月7日

〔1〕日軍集中 6 個師團另 3 個獨立旅團 10 萬餘兵力，由東西北三方向中條山中國軍隊進攻。發動晉南戰役（亦稱中條山戰役）。中條山駐軍大多是非山西本地的外來軍隊，駐軍有四年有餘。控制豫、陝，日軍視爲眼中釘。日軍很快突破了第十四軍、第十五軍、第四十三軍的防守陣地。

〔2〕在華日人反戰同盟晉察冀支部成立。

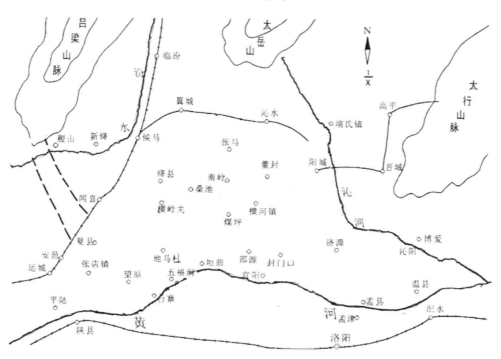

中條山戰役地區示意圖

中條山戰役參加作戰的中國軍隊將士

5月8日

〔1〕中條山西部日軍三十六、三十七師團及獨立第六旅團在張店鎮突破我軍唐淮源第三軍和孔令恂第八十軍的結合部，從聞喜、解縣、茅津渡向東進攻。日軍四十一師團、第九旅團從翼城、侯馬、絳縣中間突破，向屬於第二戰區的晉軍趙世玲第四十三軍發起猛攻，佔領垣曲。割斷曾萬鍾第五集團軍和劉茂恩第十四集團軍聯繫。

〔2〕中條山東部日軍佔領孟縣、濟源後，裴昌會第九軍退守濟源縣內的封門口山區，掩護黃河關陽渡口。在撤退時日軍封鎖渡口，該軍王晉第五十四師在搶渡中受重大傷亡後渡過黃河，四十七師、新二十四師撤至王屋、邵原游擊。

5月9日

〔1〕中條山西部戰場我第三軍、第八十軍受日軍兩個師團雙重包圍，雖進行英勇艱苦戰鬥，但損失十分嚴重。

〔2〕中條山東部董封一線戰鬥的爲武士敏第九十八軍，在雪山東南圍殲了日軍一個大隊，情況較好。

5月10日

〔1〕我軍陳鐵第十四軍第八十五師有兩個團由中條山安全撤到黃河以南。日軍在封門口施放毒氣第九軍受毒高達三分之一。

5月11日

〔1〕日軍佔領邵原，控制了黃河北岸渡口，第五、第十四集團軍黃河南岸後方被控，處境困難。

〔2〕第八十軍在平陸以東經歷苦戰，強渡黃河，死傷十分嚴重，屍體順河沖到新安一帶。新二十七師師長王竣、副師長梁希賢、參謀長陳文杞均在戰鬥中殉國。

〔3〕廣東博羅、平山失陷。次日，惠陽又淪陷。

5月12日

〔1〕日軍封鎖黃河渡口，並向山區掃蕩。我第三軍在雙重包圍下，處境最為困難，官兵空腹作戰。第三軍軍長唐淮源被敵人圍困在縣山，自戕殉國。其部下仍然奮勇抗敵，大部壯烈犧牲。

〔2〕晉冀魯豫軍區八路軍全線出擊，截斷正太、同蒲、平漢、白晉、平綏、平古等交通線，殲日偽軍近萬人，收復太行山南段廣大地區。

〔3〕日機連日轟炸昆明，雲南大學損失嚴重。

5月13日

〔1〕第三軍第十二師師長寸性奇在突圍中已受傷，仍堅持督戰。當得知軍長唐淮源仍被圍又殺進重圍施救。寸師長第二次受傷，腿部被炸斷，不肯受辱，在夏縣縣山毛家溝拔劍自刎。

〔2〕被日軍包圍在中條山的中國軍隊各軍開始突圍。

5月14日

〔1〕日軍三個師團在濟源、邵原間夾擊劉茂恩第十四集團軍，該集團軍陷於混亂狀態。

〔2〕李良榮縱隊經蘭田駐入江洋。教導團的一個連守白沙，擔任警戒聯絡和後勤任務。縱隊司令一到江洋，立即發動地方群眾加強戰鬥力量;並編成情報、搜索、響導、擔架四組。

5月15日

〔1〕駐福州日軍一部由峽兜、琯口前往福清增援，一部由永泰塘前登陸向黃坑進犯，抄襲東張野戰醫院。我省保安隊進行堵截反擊，敵人傷亡慘重，倉皇逃回福州。

〔2〕中共中央機關報《解放日報》在延安創刊（由原《新中華報》同《今日新聞》合併）。

5月16日

〔1〕八路軍攻克棗陽。

5月18～20日

〔1〕中條山戰場我殘軍突圍。

〔2〕晉軍趙世玲第四十三軍地形熟悉，轉至太岳山區，從浮山、翼城渡過汾河，向晉西晉軍集團靠攏，損失較小。

〔3〕武士敏第九十八軍由八路軍陳賡部隊接應突出重圍，到達太岳山區沁水以北。

〔4〕由第五集團軍曾萬鍾總司令率領殘部第三軍、第十四軍的九十四師突出重圍，越過同蒲路，輾轉渡過汾河、黃河，經陝西，到達河南洛陽。

〔5〕劉戡第九十三軍和高桂滋第十七軍原由陝西來晉，退走時統由劉戡指揮轉至晉西稷山、鄉寧太岳區，轉戰到萬榮渡過黃河，至山西韓城，脫離險境。

〔6〕第十四集團軍總司令劉茂恩帶領其基本隊伍武庭麟第十五軍，在濟源突圍欲渡過黃河，被被追上來的日軍包圍，殘餘官兵彈盡糧絕。忽然風雨大作，趁天黑冒險強渡黃河，脫離絕境。

〔7〕中條山會戰結束，損失最為嚴重的當為第三軍、第八十軍、第十五軍。中國軍隊損失兵員七萬，第三軍軍長唐淮源戰敗自殺，十二師師長寸性奇犧牲，八十軍新二十七師師長王竣、副師長梁希賢、參謀長陳文杞戰死。三十四師師長公秉藩、九十四師師長劉明夏、游擊司令畢梅軒被俘。

〔8〕中共中央決定將東南局與中原局合併組成華中局。華中軍分會成立。

〔9〕我軍收復諸暨。

5月21日

〔1〕國民政府公佈「滇緬路基金公債條例」，債額為1000萬美元。

〔2〕晚，日軍一個加強聯隊分兩路進犯閩侯大湖地區，企圖在此會集後再犯古田，進而直逼南平。李良榮率所屬裝備團於南平挺進大湖阻截敵人。25 日拂曉，副團長郭志雄率突擊隊搶奪江洋大湖要道上的寨上關，接著全團向大湖敵軍發起猛攻，拼殺到當日下午，日軍無力頑抗，殘部逃竄回福州。大湖戰役歷時 3 天，日軍傷亡約 1 個大隊，中國軍隊傷亡 200 人，副團長郭志雄英勇陣亡。後大湖修建了一座抗日陣亡將士紀念碑，並將寨上關改名為「志雄關」。

5 月 22 日

〔1〕美國新任駐華大使高斯由香港飛抵重慶。

5 月 25 日

〔1〕中共中央發出《關於揭破遠東慕尼黑新陰謀》的黨內通知。

〔2〕中共浦東特委決定，新四軍浦東遊擊隊第五支隊挺進浙東，創建浙東抗日游擊根據地。

〔3〕晉冀魯豫八路軍在群眾配合下，平毀日偽自大營至冀縣的封鎖牆，有力地打擊了敵人的「囚籠政策」。

5 月 29 日

〔1〕羅斯福派薦拉鐵摩爾擔任蔣介石的政治顧問。

1941 年 6 月　日軍空襲重慶千人窒息

6 月 2 日

〔1〕日軍在廣東海豐梅隴登陸，被我軍擊退。

6 月 5 日

〔1〕日軍出動 20 餘架次飛機對重慶實施空襲，空襲長達 3 小時之久。由於重慶市區校場口防空隧道避難人數過多，加之隧道通風不暢，造成數千人窒息死亡，釀成震驚中外的「六五隧道大慘案」。

6 月 9 日

〔1〕中共中央軍委向八路軍發出反「蠶食」鬥爭的指示。

6 月 14 日

〔1〕汪精衛又赴日本勾結，於 16 日抵神戶，24 日會晤日本首相近衛，28 日返回南京。日本政府決定向汪偽政權提供 3 億日元貸款。

〔2〕日軍由福州宦溪向降虎行進，第七十五師在降虎北十里峽谷處進行伏擊，斃敵百餘人，俘軍官二人

6 月 22 日

〔1〕德軍進攻蘇聯，蘇德戰爭爆發。意大利、芬蘭、羅馬尼亞同時對蘇宣戰。

6 月 23 日

〔1〕蔣介石約見蘇聯駐華總顧問崔可夫，對蘇聯進行對抗德國之戰爭，表示關懷。

6 月 24 日

〔1〕美國宣佈援助蘇聯

6 月 25 日

〔1〕日軍大本營政府聯席會議，決定「關於推行南方政策事項」。

6 月 28 日

〔1〕東北抗聯第三路軍第三支隊進入大興安嶺地區，開展游擊活動。

〔2〕日偽軍 5000 餘人，「掃蕩」八路軍泰西地區。

1941 年 7 月　日軍攻擊鎮海要塞受挫

7 月 1 日

〔1〕國民政府外交部發表「對德、意兩國絕交宣言」。

〔2〕日偽軍 1.5 萬餘人開始對新四軍蘇（州）常（州）太（倉）地區實施「清鄉」。

〔3〕福建日軍爲了鞏固融城西北外圍的防衛，打擊抗日軍民並搶掠糧食，是日，糾集 300 多名步炮兵，攜炮 10 餘門進犯東張塔山。守衛塔山的福建省保安二團加強中隊，上尉中隊長蕭仲光率部隱蔽在半山腰的戰壕裏，嚴

陣以待。日軍死傷 100 多人。傍晚，用戰馬拖著 87 具屍體狼狽地退回融城。

7月2日

〔1〕日本御前會議通過《適應形勢演變的帝國國策綱要》。

7月4日

〔1〕我 國軍隊阻擊在閩南沼安登陸之日軍。

〔2〕英國政府照會中國政府，正式表示願於戰後與中國政府商訂取消在華領事裁判權，交還租界，並根據平等互惠原則修改條約。

7月7日

〔1〕中共中央發布《為抗戰四週年紀念宣言》。八路軍總部發表《十八集團軍抗戰四週年戰績總結》。

〔2〕日偽軍在華北推行「第二次治安強化運動」。

〔3〕日本開始代號為「關特演」（關東軍特別大演習）的對蘇作戰準備。8 月 9 日決定放棄 1941 年解決北方問題的企圖。

7月13日

〔1〕美紅十字會決定以價值百萬美元之藥品援助中國。

7月14日

〔1〕中國政府公佈中英兩國關於撤銷不平等條約之換文，宣佈戰後取消「治外法權」。

7月15日

〔1〕晉察冀軍區發表抗戰第 4 年戰績：1940 年 6 月至 1941 年 5 月，計大小戰鬥 2802 次，斃傷俘日偽官兵 24742 人。

7月16日

〔1〕拂曉，日軍集中各式船艦十四艘開始炮轟鎮海要塞，要塞受彈三百餘發，要塞炮兵以僅有的舊型重炮猛烈還擊。天亮後日艦撤退，接著日機十二架分批向要塞投彈八十餘枚，然後日艦三十餘艘繼續炮擊要塞。要塞受創甚重，左清涼山的探照燈陣地被摧毀。

7 月 18 日

〔1〕杜道周第十六師受俞濟時馳援命令，以第十六師第四十八團爲前鋒急行軍馳援鎮海。

7 月 19 日

〔1〕拉鐵摩爾受羅斯福之命，飛抵重慶，任蔣介石政治顧問。20 日，拉鐵摩爾會晤蔣介石，面遞羅斯福 6 月 23 日介紹函。

7 月 20 日

〔1〕日僞軍 1.7 萬餘人分 4 路對蘇北鹽城地區新四軍進行「掃蕩」。新四軍鹽阜、蘇中根據地開始進行反掃蕩作戰，至 8 月底結束。

〔2〕蔣介石在渝會見航空委員會顧問陳納德。商談美國空軍志願援華事。

7 月 21 日

〔1〕晉南中國軍隊展開局部反擊，先後收復中條山西部的永濟、芮城、虞鄉和解縣。

7 月 22 日

〔1〕八路軍在冀中發起「青紗帳」戰役。

〔2〕本日在浙江，陳德法第一九四師於凌晨 1 時第四十八團克復泥灣。2 時 30 分第一一二七團克復宏遠臺，第一一二五團克復鎮海縣城。3 時克復戚遠炮臺。日軍完全撤退。

〔3〕駝峰航線試航。中國航空公司優秀飛行員陳文寬、潘國定駕駛 PC-3 型運輸機，是日從新疆飛越喜馬拉雅山到達印度德里。

7 月 24 日

〔1〕駐福建融城日軍津川聯隊又出動 300 多名步騎兵進犯東張。敵以炮火猛轟塔山陣地，自晨至午發炮 300 餘發，內有糜爛性毒氣彈數十發。守軍中毒甚多，傷亡慘重。敵攻不下塔山進不了東張鎮，又受漁溪、墩頭保安部隊夾擊，狼狽敗退。

7 月 25 日

〔1〕國民政府外交部長郭泰祺爲日軍侵取越南南部之海防空軍根據地，

擴大對越南的侵略，發表嚴正聲明，促請有關各國共同注意。

7 月 26 日

〔1〕英美宣佈凍結日本在英美的資產。

〔2〕中、英為修改不平等條約事相互換文。

7 月 29 日

〔1〕日軍在越南金蘭灣登陸。金蘭灣位於越南南部慶和省的最南端，是越南東南海岸最凸出的弧形頂端，扼太平洋與印度洋戰略咽喉。當日軍大舉南移，四萬餘日軍開進越南的金蘭灣時，英國參謀本部的戰情分析，仍然認為「日軍可能要在中國大陸的西南方另闢戰場，由雲、貴進入四川」。英國殖民當局在對新、馬人民的抗日運動實施鎮壓的同時，對新、馬的防務也是採取消極的態度，這是和它對日本的侵略戰爭一貫採取的綏靖政策分不開的。

7 月 30 日

〔1〕日機 130 架襲重慶，美艦「圖圖拉」號被炸沉。

7 月 31 日

〔1〕日本迫泰國同日本建立軍事合作，並加入其「東亞共榮圈」。

1941 年 8 月　我軍福建大湖戰役勝利

8 月 1 日

〔1〕蔣介石發布命令，將陳納德指揮下的美國志願空軍，正式組成中國武裝部隊（即飛虎隊），由陳納德任總指揮，其成員均是美國退伍軍人。

〔2〕羅斯福下令禁止對日本出口飛機用汽油，並封存國內生絲存貨。

8 月 6 日

〔1〕抗戰四年來華僑對祖國獻金共達 15.36 億元，購買祖國公債 6.82 億元。

8 月 9 日

〔1〕日本制訂《帝國陸軍作戰綱要》。決定在 11 月底前完成對英美作戰

準備。

8 月 10 日

〔1〕八路軍冀熱遼軍區開始秋季反「掃蕩」。日軍對華北解放區軍民開始進行大規模掃蕩。日軍華北總司令岡村寧次調集 13 萬以上兵力，分 13 路出動，對晉察冀北岳區，實行所謂的「鐵壁合圍」、「馬蹄形堡戰」、「魚鱗式包圍陣」等戰術，使用傘兵和毒氣，企圖將八路軍消滅於長城兩側。到 10 月底，八路軍粉碎了這次大掃蕩。

8 月 13 日

〔1〕日機 86 架又襲重慶。一周來，不分晝夜，五六小時之間隔施行疲勞轟炸，市內飲水與燈光皆斷，人民斷炊難眠，欲壓迫中國政府投降，但人民抗戰意志更為堅強。

〔2〕航空委員會為紀念第二屆空軍節，公佈四年來擊落日機 1500 餘架，斃日空軍 1200 人，俘 69 人。

8 月 14 日

〔1〕羅斯福和丘吉爾發表關於戰爭的目的和戰後體制原則的聯合宣言（即大西洋憲章）。

〔2〕日華北方面軍集中日偽軍 7 萬餘人，向晉察冀邊抗日根據地的北岳、平西地區展開大規模「掃蕩」。

8 月 15 日

〔1〕羅斯福、丘吉爾聲明援助蘇聯。

8 月 16 日

〔1〕斯大林表示贊同羅斯福、丘吉爾大西洋憲章，並建議在莫斯科舉行三國會議。

8 月 17 日

〔1〕國民政府外交部發表聲明，表示熱誠贊成「羅斯福、邱吉爾宣言」中所揭示的八點計劃。

8月19日

〔1〕中共中央發表《關於最近國際事件的聲明》指出，4 日羅、邱聯合發表的宣言，表示了英美打倒法西斯的決心，這完全有利於蘇聯、英、美和中國。

〔2〕第三戰區司令長官顧祝同，對日軍佔領地區進行突擊。日軍由於大湖戰役失敗，被迫有向福州撤退的準備。

8月20日

〔1〕國民政府外交部爲丹麥承認僞「滿洲國」及汪精衛政府，宣佈與丹麥斷絕邦交。

8月25日

〔1〕浙西我軍克復餘杭。

〔2〕福建福清縣駐軍第十八師和平潭縣抗日游擊隊等聯合進攻平潭，6 日晨，收復縣城。

8月26日

〔1〕羅斯福宣佈派遣軍事代表團來華，並任馬格魯德少將爲團長。

〔2〕中國政府訪緬代表團由蔣夢麒團長率領飛緬甸仰光。9 月 4 日，離仰光經臘戌、昆明返渝。

8月29日

〔1〕中共中央決定將陝北公學院、中國女子大學、澤東青年幹部學校合併成立延安大學，吳玉章爲校長。

8月30日

〔1〕蔣介石在重慶南郊之黃山官邸召開軍事會議。日機猛炸黃山，衛士死 2 人，重傷 4 人。重慶市內之國民政府大禮堂亦全被炸毀。

8月31日

〔1〕八路軍第一二九師發起邢（臺）沙（河）永（年）戰役，以配合晉察冀軍區的反「掃蕩」。

1941 年 9 月　中日進行第二次長沙會戰

9 月 3 日

〔1〕福建李良榮率部於向桐口突擊，終於迫使日軍於 9 月 2 日分路全線撤退，福州等地光復。今中國軍隊在日軍退出後收復福州、連江、長樂等地。

9 月 4 日

〔1〕美國女醫師柯思抵香港，即轉赴貴陽服務，此爲美國女醫師來華服務之第一人。

9 月 6 日

〔1〕日本御前會議通過《帝國國策遂行要領》，決定發動太平洋戰爭。

〔2〕晉軍第四十三軍脫離中條山會戰後，在絳縣東北的丁家窪與日軍血戰。第七師師長石作衡殉國。

9 月 7 日

〔1〕日軍爲解除中國第九戰區對武漢地區的威脅，企圖在汨羅江以南長沙以北地區消滅第九戰區主力。第十一軍司令官阿南惟幾指揮 4 個師、4 個支隊、2 個飛行團及海軍一部，共 11.5 萬人，分兩路向長沙發動進攻。第九戰區司令長官薛岳指揮 13 個軍、1 個挺進軍、2 個飛行大隊，共 30 餘萬人，用有利地形與既設陣地，逐次抗擊，企圖誘敵於汨羅江以南、撈刀河以北地區予以殲滅。

〔2〕日軍進犯大雲山，第二次長沙戰役開始。集結於岳陽西南的日軍第六師團一部，爲掩護新牆河方向主力展開，向大雲山地區攻擊，遭守軍頑強抗擊，受挫。後增調第四十師團、荒木支隊（相當於旅團）支持，激戰至 17 日，大雲山得而復失，退回西塘。

9 月 9 日

〔1〕蔣介石對合眾社記者談話，盼望美國勿與日本妥協，在正義和平未獲保證前，中國要繼續抗戰。

9 月 14 日

〔1〕美國著名作家、詩人、小說家及編輯 29 人以版稅 500 萬元援助中

國抗戰。

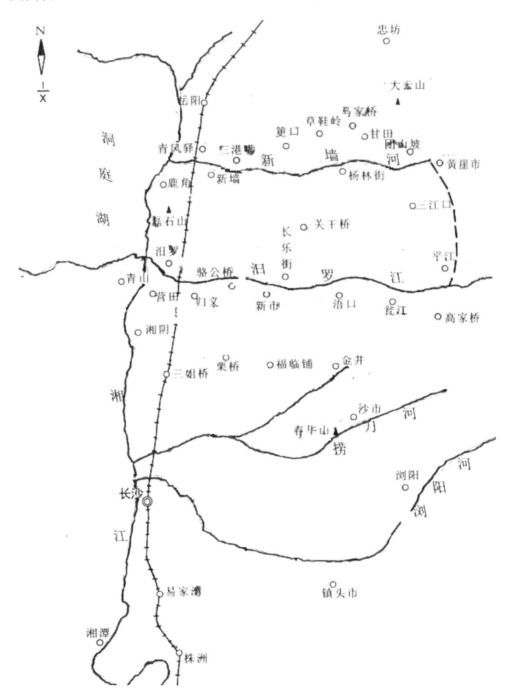

長沙會戰周邊示意地圖

9月15日

〔1〕美大使高斯奉其國務卿電令，轉達中國政府關於美、日試行談判，凡涉及中國者，必先與中國協商。

〔2〕羅斯福向國會報告援華計劃說，將訓練中國空軍。

9月17日

〔1〕日軍進犯長沙之主力強渡新牆河，日軍第三、第四師團和第六師團主力、早淵支隊在新牆河北岸全線展開。中方第二十七集團軍楊森部隊以猛烈襲擊後，一部與日軍保持接觸，主力則轉移分散、退卻。大雲山得而復失，日軍退回西塘。

9月18日

〔1〕凌晨，平潭縣游擊隊配合福建省保安第1團，分別從福清、長樂渡海進攻平潭。部隊在漁塘、蘇澳等澳口強行登陸後，摧毀沿線偽軍防禦陣地，南北合圍縣城。偽軍司令張逸舟，鄭德民率部棄城下海逃竄，平潭第 6 次收復。

〔2〕拂曉，湖南日軍在炮火掩護下，強渡新牆河，從榮家灣、新牆、潼溪街等處突破南岸守軍陣地。守軍第四、第二十、第五十八軍與日軍激戰後，以少數兵力遲滯日軍，主力轉移至雙石洞、洪源洞一帶側翼陣地待機。同時，日海軍陸戰隊和平野支隊乘軍艦 10 餘艘、汽艇 200 餘艘，由岳陽經洞庭湖向青山、蘆林潭等處進攻，從右翼威脅長沙。

9月19日

〔1〕日軍江藤支隊留守新牆河南岸，抵抗側翼守軍，日軍主力迅速向汨羅江挺進。是時，第九戰區令第九十九、第三十七軍於汨羅江南岸阻止日軍；令第二十六、第十、第七十四軍分別向甕江、撈刀河、瀏陽方向急進，準備從右翼包圍日軍。

9月22日

〔1〕冀魯邊區與清河區第4次打通聯繫的戰役開始。

〔2〕日軍兩萬人向沁水東峪、西峪掃蕩。由中條山突出重圍的六十八軍，在軍長武士敏的率領下又與敵軍苦戰。在突圍中武軍長不幸中彈犧牲，離中

條山突圍不過只四個月，惜哉。

9月23日

〔1〕日軍第三、第四、第六、第四十師團分別於浯口、甕江地區圍攻第三十七軍、第二十六軍。

〔2〕中國軍隊在新牆河構築了堅固的防禦工事，斃傷渡河日軍旅團長以下官兵無數。日軍集中 3 個炮兵聯隊的 150 毫米榴彈炮、野炮及山炮，用爆破彈和毒劑彈襲擊南岸中國軍隊陣地。至 8 時，日軍野戰毒氣隊施放毒劑筒 10000 個，在 2.5 米／秒的東北風吹送下，形成寬約 8 千米、縱深 2 千米的大面積毒雲。8 時 30 分，日軍步兵 6000 人配戴防毒面具隨毒雲後徒涉新牆河，中國守軍第 2 師犧牲 700 人，陣地失守。劉汝明的第六十八軍大刀隊雖斬殺日軍 300 人，但遭日軍毒氣襲擊，中毒達 400 人。日軍不僅在戰場上使用毒劑，更用毒劑大量屠殺中國百姓。

9月25日

〔1〕日偽軍 3500 多人分幾路向轉戰在狼牙山地區的晉察冀軍區紅一團進行圍攻。擔任阻擊任務的某部六班班長馬寶玉、副班長葛振林、戰士胡德林、胡福才、宋學義 5 人為給部隊和群眾轉移爭取時間，堅持戰鬥整整一天，最後在彈盡糧絕的情況下，五人縱身跳下高達數百米的懸崖。馬寶玉、胡德林和胡福才墜落崖底，壯烈犧牲。葛振林、宋學義跳崖後被半山腰的樹枝掛住，幸免於難，帶傷歸隊。

〔2〕東北抗聯野營總部分派王效明、崔賢回吉東、南滿，領導小部隊開展游擊活動。

9月26日

〔1〕日軍於春華山、永安市地區攻擊第七十四軍，在蕉溪嶺與第三師團不期而遇。第五十八師受到突然襲擊，全師潰散（師長廖齡奇因脫隊到祁陽，後被處決）。第五十七師阻擊敵人，損失嚴重，指揮官李翰卿以下官兵千餘人犧牲。日軍繼向長沙、瀏陽河方向進攻。

9月28日

〔1〕第二次長沙會戰激烈進行當日，日軍早淵支隊攻破第七十九軍王甲

本第九十八師第二九三團陣地，突進長沙。剛剛抵達嶽麓山的第七十九軍趙季平暫編第六師奉命進入長沙，與日軍展開巷戰。

9 月 29 日

〔1〕日軍第三師團一部抵株洲。爲策應長沙作戰，中國第三、第五、第六戰區 23 日起分別對各自當面日軍發動進攻，有力地牽制了日軍行動。第九戰區的鄂南、贛北部隊也向當面日軍實行襲擾。第九戰區預備隊和增援部隊第七十二、第七十九、暫編第二軍等 6 個軍進入長沙外圍，在敵後的第四、第二十、第五十八軍亦尾敵南下，日軍陷於南北夾擊境地。加之後方運輸線遭到中國軍民破壞，補給困難。

1941 年 10 月　日軍入侵鄭州被擊退

10 月 1 日

〔1〕進犯長沙之日軍突圍北潰。第九戰區部隊全線反擊，跟蹤追擊與超越追擊，給日軍以殺傷。至 10 月 9 日，日軍越過新牆河，恢復戰前態勢。

〔2〕日軍進犯鄭州外圍。日軍一一○師團 5 萬餘人，由中牟界馬、鄭縣琵琶陳、廣武邙山頭兵分 3 路強渡黃河，向鄭州進犯。一路燒殺搶掠，無惡不作，僅在上河王村就屠殺村民 300 多人。

10 月 2 日

日軍以數萬之眾，在步炮空協同下分數路南犯。敵主力在黃泛區渡河，進攻鄭州。孫桐萱第三集團軍部隊不支，退出鄭州；敵另一部分由黃河鐵橋（已破壞）向南強渡，與我十七師戰於鐵橋西之邙山頭地區。

10 月 3 日

〔1〕浙東第二十一軍協同第四十九軍進軍諸暨、蕭山，克復紹興。

〔2〕中國第五、六戰區發起攻勢作戰，進攻長沙的日軍全速敗退湘陰。

10 月 4 日

〔1〕日軍一一○師團入侵鄭州城區。

10 月 5 日

〔1〕日軍出動約 3 萬人，對晉冀魯豫邊區北岳根據地實行「鐵壁合圍」大「掃蕩」。

〔2〕湘北我軍乘勝追擊日軍，日軍由湘陰營田遁逃。我軍渡過汨羅江，再予日軍以重創（長沙戰役日軍死傷近 8 萬人），第二次長沙戰役結束。

〔3〕趙壽山第三十八軍在鄭州廣武地區與敵展開爭奪戰。晉冀魯軍區的八路軍向平漢線猛烈出擊，破壞武安公路橋梁，攻襲彭城，進攻安陽，夜襲新鄉飛機場，威脅敵軍後方。侵入鄭州之敵感到嚴重的威脅。

10 月 8 日

〔1〕中國軍隊 2 個軍共 6 個師攻擊防守宜昌的日軍第十三師團。第二軍第九師一部攻入宜昌城內，離日軍十三師團司令部不到一公里。瀕於絕境的日軍燒掉秘密文件和軍旗，高級軍官還為自己選好了自殺的地點。為了挽救敗局，日軍決定用毒劑彈做最後掙扎，先後 4 次進行了大規模化學攻擊，共發射二笨氰肿毒劑彈 1500 發，芥路混合毒劑彈 1000 發，飛機投擲毒劑彈 300 枚，還大量使用毒劑筒，造成中國軍隊和居民大量傷亡。其中第九師、第七十六師共中毒 1600 人，600 人死亡，中國軍隊被迫停止進攻，反攻宜昌計劃失敗。

10 月 9 日

〔1〕美國軍事代表團由馬格魯德團長率領，一行 7 人由香港飛抵重慶。

10 月 10 日

〔1〕美國借給國民政府 5000 萬美元，即「中美外匯平準基金」。

10 月 11 日

〔1〕冀南軍區第 3 次秋季破擊戰役開始。

〔1〕美國貸款 5000 萬美元給國民政府。

10 月 13 日

〔1〕我軍奉蔣介石命暫撤出宜昌（因日機在宜昌投毒瓦斯彈，我方軍人多中毒受傷）。

10 月 14 日

〔1〕新四軍發起陳道口戰役，陳毅親臨前線指揮。

〔2〕湘、鄂我軍開始反攻，岳陽外圍重要據點全克復。

10月16日

〔1〕軍事委員會召開第三次南嶽軍事會議，蔣介石主持全議並致開會詞，至21日結束。

10月17日

〔2〕馬當要塞中國流動炮兵隊擊沉日軍運輸艦2艘。

10月18日

〔1〕日本東條英機內閣組成。

10月24日

〔1〕夜鄭州南十里鋪農民趙繼手持砍刀，獨自闖入日軍營，砍死日軍7名。次日夜又潛入三官廟日軍軍營，用手榴彈炸死日軍11名，29日夜再次進入日軍據點，奪得輕機槍一挺，後不幸受重傷被捕，英勇犧牲。

10月26日

〔1〕東方各民族反法西斯大會在延安召開。參加會議的國家和地區有日本、猶太、印度、印尼、菲律賓、馬來亞、緬甸、泰國、越南、朝鮮等國，以及中國蒙、回、藏、彝、滿、漢等族代表共130餘人。毛澤東和朱德出席了大會，並作了講演和報告。

10月29日

〔1〕日軍出動5000餘人，對太行區實施奇襲性「掃蕩」。

10月31日

〔1〕第五戰區部隊收復鄭州。鄭州淪陷後，我第三十八軍在廣武、滎陽一帶與日軍展開激戰，第十七師各部經數十日之攻防戰，傷亡極嚴重。第一戰區衛立煌調孫桐萱第三集團軍的八十一師，第四集團軍急調李興中九十六軍的一七七師，集中於廣武地區，統歸三十八軍趙壽山軍長指揮，勒令對敵橋頭堡陣地，組織攻擊。於31日發動反攻，當日八十一師進入鄭州。

〔2〕趙尙志率小部隊由蘇聯返回蘿北、湯原、鶴立一帶活動。

1941 年 11 月　日本決定對美英荷開戰

11 月 1 日

〔1〕華北日僞軍實行以經濟掠奪、經濟封鎖爲中心的所謂第三次「治安強化運動」。至 12 月 25 日結束。

11 月 2 日

〔1〕日軍以 5 萬兵力，開始大舉「掃蕩」沂蒙山區抗日根據地。

11 月 5 日

〔1〕日本御前會議決定於 12 月初對美英荷開戰。

〔2〕蔣介石在重慶舉行各戰區司令長官緊急會議，商討保衛滇緬路計劃及原料入口，與各國軍事合作等問題。會後，商震等飛昆明，協助龍雲實施保衛滇緬公路計劃。

11 月 6 日

〔1〕陝甘寧邊區第二屆參議會第一次大會在延安召開，21 日結束。會議選舉林伯渠、李鼎銘爲陝甘寧邊區正副主席，高自立等 18 人爲政府委員。

〔2〕日軍大本營下令組建南方軍以及南海支隊戰鬥序列令，並發布向南方進軍的預先號令。命令中國派遣軍調第五、十八、二十一、三十三師團到南方軍，準備進攻香港作戰。

〔3〕美軍事代表團團長馬格魯德少將飛抵昆明，考察滇緬公路

11 月 7 日

〔1〕中共中央軍委發出《關於抗日根據地軍事建設的指示》。

〔2〕新四軍淮北軍區成立。

11 月 9 日

〔1〕八路軍開始進行黃崖洞保衛戰。

〔2〕美國駐華海軍陸戰隊奉命撤退。

11 月 10 日

〔1〕瓊崖東北區抗日民主政府在瓊山縣成立，馮白駒任主席。

11 月 14 日

〔1〕羅斯福正式聲明，撤退其駐北平、天津、上海之海軍陸戰隊，並嚴令在上海僑民作最後一次撤退。

11 月 17 日

〔1〕第二屆國民參政會第二次大會在重慶開幕。蔣介石演說謂：反侵略陣線應於今冬明春之間解決日本事件。26 日大會通過決議案，請國民黨政府早日召集國民大會定憲制法，充實戰時民意機關與保障言論自由，以促進民治。27 日大會閉幕。

11 月 30 日

〔1〕日機轟炸滇緬路，毀卡車 50 餘輛。

1941 年 12 月　太平洋戰爭爆發日軍攻佔香港

12 月 1 日

〔1〕日本御前會議決定向美、英、荷開戰。

12 月 2 日

〔1〕日軍大本營給中國派遣軍下達攻佔香港的命令。

12 月 4 日

〔1〕淩晨，數百名日軍趁雪夜偷襲華靈廟，晉軍第十九軍暫三十七師第三團在鄉寧縣城東南華靈廟和日軍激戰。第八連連長彭永祥帶領 30 人，每人身掛數枚手榴彈衝入敵陣，拉斷導火線，除 6 人生還以外，24 人與敵俱盡。炸死炸傷日軍 400 餘人。

12 月 6 日

〔1〕蔣介石敦促拉鐵摩爾電羅斯福，中國決不放棄東北，否則世界戰爭將循環不已，欲求長期和平，唯有助中國獨立不被他國侵略。

12月7日

〔1〕日本聯合艦隊不宣而戰，空襲了美國太平洋艦隊的母港珍珠港。重創了美國海軍在太平洋上的主力，太平洋戰爭爆發。日本海軍聯合艦隊的機動部隊（航空母艦 6 艘、戰列艦 2 艘、重巡洋艦 2 艘、輕巡洋艦 3 艘、驅逐艦 9 艘、潛水母艦 3 艘和油船 8 艘）的艦載魚雷機編隊和轟炸機編隊，襲擊美國海軍太平洋基地珍珠港。擊沉美軍戰列艦 4 艘、佈雷艦和靶船各 1 艘；擊傷美戰列艦 4 艘、巡洋艘 3 艘、驅逐艦 2 艘和水上飛機母艦 1 艘；擊毀美飛機 231 架，死 2744 人，傷 380 人。日軍損失飛機 48 架。

12月8日

〔1〕日本第二十三軍（下轄第三十八師團、第五十一師團第六十六聯隊和第一炮兵部隊等）開始進攻香港。香港守軍為英國、印度和加拿大地面部隊約 1.2 萬人，海軍有一艘老式驅逐艦和 8 艘炮艇。

防守香港的英軍

〔2〕日海、陸、空軍轟炸威島、關島、馬尼拉、新加坡、香港及襲擊北平、天津、上海之英、美軍，並在呂宋島、馬來半島、哥打巴魯等登陸。

〔3〕日軍進攻泰國，開入曼谷。泰國訂立投降協定。

〔4〕國民黨中央常務委員會決議對日、德、意宣戰。

〔5〕上海公共租界、天津英租界均被日軍侵佔，英、美僑民被囚。日軍佔領了上海公共租界後，守四行倉庫的勇士被俘獲。他們分別被遣送至杭州、孝陵衛及光華門（南京）做苦役，還有一部分留在南京老虎橋監獄拘押。部分被送至孝陵衛及光華門的士兵於1942年11月逃脫，其中一部分又在重慶重新歸隊，另一部分就近參加游擊隊。50名官兵，由二排長薛榮鑫（四川人）帶領，被押解到遠離祖國的西太平洋的拉布爾島嶼上，過著非人的苦役生活。1946年3月18日，只有34名壯士回到上海，14人客死他鄉。

〔6〕廈門日軍在鼓浪嶼的龍頭、田尾、內厝澳三處登陸，佔領鼓浪嶼。

〔7〕日皇裕仁宣佈對英、美宣戰。

〔8〕美國、英國、加拿大、澳大利亞·荷蘭、自由法國、海地、薩爾瓦多、危地馬拉、洪都拉斯、希臘、哥斯達黎加等國對日本宣戰。

12月9日

〔1〕中共中央發表《中國共產黨為太平洋戰爭宣言》和《中共中央關於太平洋反日統一戰線的指示》。宣言指出：「全世界一切國家一切民族劃分為舉行侵略戰爭的法西斯陣線與舉行解放戰爭的反法西斯陣線，已經最後地明朗了。」

〔2〕同日，國民政府正式對日宣戰文告。並同時宣告對德、意立於戰爭地位。

〔3〕同日，中國、多米尼加、尼加拉瓜、比利時、南非、巴拿馬、新西蘭、智利、埃及、墨西哥、哥倫比亞、等國政府對日宣戰。

12月10日

〔1〕昆明5萬餘學生遊行示威，要求蔣介石抗戰到底。

〔2〕昆明西南聯大、雲南大學等校5萬學學遊行集會，呼籲中美英等國聯合抗戰。

〔3〕同日，蔣介石為對日、德、意宣戰，發表「告全國軍民書」，謂要協助友邦，消滅共同之公敵。

12 月 11 日

〔1〕德、意對美宣戰。

12 月 12 日

〔1〕日軍佔領九龍半島。

〔2〕同日，臺灣革命同盟發表宣言，號召同胞一致抗日。

〔3〕同日，蔣介石接斯大林電，內稱：因蘇聯現負擔抗德之主要任務，不宜分散力量於遠東地區，表示不能即刻對日本宣戰。

12 月 14 日

〔1〕國際文化團體擴大反侵略大會在重慶舉行，英、美、蘇三國大使卡爾、高思、潘友新均親臨會議並發表演說。

12 月 15 日

〔1〕國民黨五屆九中全會在重慶開幕，23 日結束，決定反法西斯統一戰線問題。

12 月 16 日

〔1〕英政府任命丹尼斯為英國駐華軍事代表團團長。

12 月 18 日

〔1〕中國航空公司重慶經緬甸臘戌至印度加爾各答之航線開航。

12 月 19 日

〔1〕日軍重兵進攻大別山第五戰區，大別山戰鬥開始。同日，日軍對我八路軍山東湖西單縣以東地區大掃蕩。

12 月 20 日

〔1〕美國志願航空隊「飛虎隊」首次參戰，出動 10 餘架 P-40 戰鬥機，將進犯昆明的日軍九六式轟炸機群擊落 4 架。

飛虎隊迎戰日軍轟炸機

12 月 23 日

〔1〕中日第三次長沙會戰爆發。當日，日軍第十一軍司令官阿南惟畿在岳陽下達進攻命令，以配合進攻香港的作戰，牽制中國軍隊南下。日軍投入了第三、第六、第四師師團、獨立混成第九旅團及第六十五、第九十五大隊等，共約 7 萬餘人。中國第九戰區投入了第十九、第二十七、第三十集團軍等。

〔2〕英印度軍總司令魏菲爾、美陸軍航空總司令勃蘭德，在重慶舉行中、美、英三國軍事代表會議，由蔣介石主持，並通過「遠東聯合軍事行動初步計劃六條」等要案，會議翌日結束。

〔3〕《中英共同防禦滇緬路協定》簽訂，成立中英軍事同盟，籌建中國遠征軍，準備入緬作戰。

12 月 24 日

〔1〕12 月 8 日太平洋戰爭爆發後，中國政府正式對日宣戰，並調集軍隊反攻廣州。日軍中國派遣軍爲牽制中國軍隊，策應香港作戰，令第 11 集團軍司令官阿南惟幾指揮 4 個師、2 個旅、3 個支隊（相當於營）及航空兵一部共 12 萬餘人，向長沙方向發動進攻，企圖在汨羅江兩岸殲滅第九戰區主力。中國第九戰區司令長官薛岳指揮 13 個軍、1 個挺進軍、1 個飛行大隊等 30 餘萬人，採取逐次抗擊、誘敵深入戰法，擬在撈刀河、瀏陽河之間地區包圍殲滅日軍。

〔2〕集結於岳陽東南麻塘、新開塘一帶的日軍第六師團、第四十師團主力在新牆、潼溪街一線強渡新牆河。發動第三次進攻長沙戰役，企圖牽制中國軍隊南援。

12 月 25 日

〔1〕長沙戰役今晨，第三師團亦隨第六師團之後徒涉過河。第九戰區第二十軍與日軍激戰竟日，一部與日軍保持接觸，主力向關王橋、王家坊山區後撤；第五十八軍向西側擊日軍，後撤至楊林。

〔2〕香港陷落，英總督楊慕琦向日軍投降。經過 17 天頑強抵抗，防守香港的英國軍隊於 17 時 50 分宣告投降。在香港戰役中，英聯邦軍隊戰死 1555 人，被俘 9495 人，日軍死 693 人，傷 1413 人。

日軍在香港舉行入城式

12 月 26 日

〔1〕上海商務、中華、世界、開明，大東五大書店被日查封。

〔2〕湖南日軍右翼第三師團、中路第六師團、左翼第四十師團均進抵汨羅江北岸。擔任阻擊的中國第二十軍、第五十八軍遭到很大損失。

12 月 27 日

〔1〕日軍第三師團於汨羅附近強渡汨羅江，向南攻擊第九十九軍，迫其退至營田、湘陰一線。

〔2〕中國空軍與美籍志願隊聯合在仰光空戰，擊落日機 12 架。

12 月 29 日

〔1〕第三次長沙會戰，當日，日軍第六、第四十師乘勢於新市、長樂街渡過汨羅江，遭到第三十七軍頑強抗擊，激戰至 30 日，第三十七軍由浯口退

至社港。日軍獨立混成第九旅由岳陽前進至關王橋，並指揮澤支隊掩護軍主力左側翼。日軍第十一軍司令官阿南惟幾接到航空兵「中國軍已向長沙退卻」的報告後，見進攻順利，在未接到中國派遣軍命令的情況下，獨斷決定向長沙追擊並下令佔領長沙。

12 月 30 日

〔1〕桂系第八十四軍以急行軍速度開赴豫南商城。當晚，軍部即到達商城。此時，經阻擊，日軍無機可乘，已退回原防。二十一集團軍遂命令所屬各部全線出擊，以配合第九戰區長沙作戰。

12 月 31 日

〔1〕羅斯福致電蔣介石，建議組織中國戰區，並推舉蔣介石為統帥。

〔2〕當日，日軍第三師團已準備渡過瀏陽河，第六、第四十師團也正在向長沙推進。中國第九戰區司令長官薛岳因日軍「已進入預定包圍圈中」，令各集團軍於 1942 年 1 月 1 日子夜開始攻擊。中國軍隊與日軍在長沙外圍之撈刀河展開激戰。

第七章　1942 年：遠征軍入緬　浙贛會戰　軍民反掃蕩

1942 年 1 月　第三次長沙會戰日軍失敗

1 月 1 日

〔1〕中、蘇、美、英等 26 個參加對德、意、日軸心國作戰的國家在華盛頓發表共同宣言（即聯合國家宣言）。到 1945 年 3 月 1 日止，法國、墨西哥和菲律賓等 21 國陸續表示贊同這宣言。《宣言》的主要內容：1、簽字國保證使用全部軍事和經濟資源，共同對抗德、意、日法西斯的侵略；2、各國保證不同敵國單獨締結停戰協定或和約。華盛頓宣言成了聯合國形成的萌芽。

〔2〕日僞軍 8000 餘人對冀魯邊地區進行「掃蕩」。

〔3〕長沙保衛戰開始（第三次長沙會戰）。當日 8 時，進犯長沙之日軍第三師團渡過瀏陽河，在 20 餘架飛機支持下，以第十八聯隊和第六十八聯隊並列向長沙城東南郊區前進，11 時許向中國第十軍預十師陣地發起進攻。經過激烈戰鬥，日軍接連突破預十師陣地，並於 21 時攻佔軍儲庫、鄔家山陣地，第六師團直屬第六聯隊第二大隊在大隊長加藤素一率領下突入白沙嶺一線。22 時，預十師發起反攻，收復軍儲庫、鄔家山陣地，並包圍日軍加藤大隊，隨即雙方展開激烈的陣地爭奪戰。

第三次長沙會戰中，第十軍官兵與日軍進行激烈巷戰

1月2日

〔1〕國民政府軍事委員會公佈，中國軍隊已開入緬甸協防。

〔2〕日軍第四十師團主力集結於金井，保障翼側安全；第六師團主力集結於梨市，一部於長沙東北展開，向城內攻進。守軍在嶽麓山炮兵第一旅重炮火力支持下堅守陣地，擊退日軍多次進攻，並殲滅突入白沙嶺陣地日軍。

〔3〕中國政府軍事委員會宣佈：中國軍隊開入緬甸協防。同日，蔣介石覆電羅斯福，同意接受中國戰區統帥之職，並請美國總統推薦一名將領擔任中國戰區參謀長（隨後羅斯福推薦史迪威將軍）。

1月3日

〔1〕第三次長沙會戰激烈進行。當日拂曉，日軍第三師團與增援的第六師團同時發動攻擊。經過終日激戰，日軍除第六師團第二十三聯隊第十二中隊曾一度由城北向西突至湘江岸邊外，其餘部隊全被擊退。其中第三師團第九十八聯隊第二大隊在東瓜山陣地遭中國預十師，奮力搏殺，戰鬥十分激烈。守軍第七十三軍七十七師增援猛烈反擊，大隊長橫田莊三郎以下被打死、打傷百餘人。圍攻長沙城的日軍第十一軍部隊死傷慘重，糧彈將盡，已經處於

中國軍隊的包圍狀態下，於 3 日夜間被迫決定撤退。

〔2〕同盟國宣佈，反軸心國之第一最高區域統帥部及西南太平洋區之統帥部已組成。魏菲爾上將（印度英軍總司令）任西南太平洋區陸海空軍總司令；勃勒特少將（美空軍總司令）爲副總司令；哈特上將（美國亞洲艦隊總司令）統帥該區全部海軍；潘納爾上將（英國遠東軍總司令）任參謀總長，中國戰區（包括泰國、越南及將來可能成爲盟軍控制區域）陸空軍最高統帥由蔣介石擔任。

1 月 4 日

〔1〕日軍第五十五、第三十三師團由泰國分別向緬甸南部的土瓦和毛淡棉發動進攻，進攻緬甸的戰役打響。

〔2〕第三次長沙會戰激烈進行。日軍因傷亡慘重，彈糧將盡，當日，日軍爲隱蔽其撤軍企圖，向長沙中國守軍發動最後一次猛烈攻擊，但所有攻擊全部被擊退。當日晚，中國第九戰區獲知日軍撤退後，立即命令各軍追擊。調至長沙外圍的 10 個軍已從四面包圍，進行向心攻擊。第三、第六師團於當日晚乘夜色脫離戰場，向北逃竄。

1 月 5 日

〔1〕蔣介石正式宣佈就任中國戰區最高統帥，統一指揮中國戰區的中國、泰國、越南、緬甸境內作戰的聯合國軍隊，協調中國戰區司令、印度軍司令、南太平洋戰區司令三總部之內的聯繫。

〔2〕長沙會戰中國軍隊不斷對撤退日軍發起截擊。當日凌晨，日軍第三師團到達東山時，磨盤洲地段徒涉過河。遭到先期抵達瀏陽河東岸的中國第七十九軍對其進行密集火力堵截。同時，中國第四軍從側面向日第三師團實施側擊。日軍在兩面夾擊下陷於混亂，死傷甚重，被迫沿瀏陽河南岸退卻，日軍死傷及溺死者達 500 餘人。日軍第三師團被迫向第六師團所在的根梨市靠攏。湘北日軍在航空兵掩護下，向東北突圍。在中國軍隊前堵、側擊和追擊下，傷亡慘重，至 16 日退至新牆河北岸，會戰結束。是役日軍自稱傷亡 6000 餘人。

〔3〕中國青年反法西斯大會在延安舉行。

1 月 7 日

〔1〕長沙會戰中國各軍繼續追擊敗軍。日軍第四十師團由金井向春華山敗退時，沿途遭到中國第三十七軍的多次阻擊和側擊，其第二三六聯隊傷亡慘重，第二大隊長水澤輝雄等被擊斃。到達春華山地區時，又遭到中國第七十八軍攻擊，7日夜脫離與第七十八軍戰鬥向北退卻。

1月8日

〔1〕漳州第一〇七師在特種民眾武力的配合下，從嵩嶼渡海襲擊駐廈日軍，一路破壞敵機炮陣地，擊斃敵官兵百餘人。

1月10日

〔1〕在中國軍隊追擊中，向北突圍日軍第六師團，其第十三聯隊被中國第二十軍和第五十八軍分割包圍。由於無法突圍，第十三聯隊長友成敏惟焚毀全部文件。日軍第十一軍司令官阿南惟畿命令第三、第四十師團及第九混成旅團一方面解第六師團之圍，一方面向北突圍撤退。

1月11日

〔1〕日軍第六和第三師團陸續突出攔截線，第四十師團則從春華山東側北撤。中國第九十九軍、第三十七軍再在麻石山、麻峰嘴等地進行截擊。

1月14日

〔1〕國民政府令第五軍入緬支持英緬軍作戰。從此時起，由第五、第六、第六十六軍共10餘萬人組成的中國遠征軍第一路，籌劃入緬甸同日軍作戰。

1月16日

〔1〕第三次長沙會戰中國軍隊獲得大捷。當日，日軍進攻部隊已經全部退至新牆河以北防地（日軍主力進攻部隊僅殘餘1.3萬人），日軍第十一軍指揮所也撤回漢口，雙方基本恢復了會戰開始前的態勢。據國民政府軍委會及第九戰區發表的戰績說：日軍傷亡56944人，俘虜日軍中隊長松野榮吉以下官兵139人，繳獲步騎槍1138枝、輕重機槍115挺、山炮11門等；中國軍隊傷亡官兵29217人。而日本戰史引用的公開統計數字，日軍戰死1591人（內軍官108人），戰傷4412人（內軍官241人），打死軍馬1120匹，打傷646匹。

1 月 18 日

〔1〕德、意、日在柏林簽訂劃分作戰區域的軍事協定。其中，日本的作戰地區「大致爲東經 70 度以東到美洲西海岸的海面及在這一海面的大陸和島嶼（澳洲、荷印、新西蘭）等地區」以及「亞洲大陸」。至此，法西斯侵略陣線和反法西斯陣線的營壘已經明朗化。

1 月 19 日

〔1〕日軍沖支隊（第五十五師團第一一二聯隊一部組成）作爲前鋒部隊佔領緬甸南部的土瓦，次日第五十五師團主力越過泰緬邊境，緬甸戰役正式打響。同日，駐緬英軍司令胡敦請求中國第六軍第九十三師派出一部兵力前往景棟佈防。

1 月 21 日

〔1〕空軍飛襲越南，擊毀日運輸機 2 架。次日，中國飛機 43 架與美志願隊 15 架飛機，飛越南河內轟炸日軍機場。

1 月 24 日

〔1〕中國遠征軍甘麗初第六軍入緬，沿滇緬路南進，前鋒已到達緬甸之孟養（後續部隊爲英方所卻）。第四十九師守備昆欣、蘭河地區。劉觀隆第九十三師二七七團正式入緬接手防務，此後第九十三師主力入緬，從而拉開了中國遠征軍入緬作戰的序幕。

〔2〕中國空軍美志願隊自太平洋戰爭爆發到今天，在緬甸和昆明等地共擊落日機 190 架，志願隊飛機損失 5 架。

1 月 26 日

〔1〕《新華日報》載，陝北 1941 年開荒 288107 畝。修水利 298.5 畝。1941 年上半年增加牛 11973 頭，羊 108693 隻，驢 8594 頭。

1 月 27 日

〔1〕日軍爲報復桂系莫樹杰第八十四軍之進攻，調集剛從長沙返防的第三師團松尾大隊及戰車隊協同獨立混成十八旅團一部向孝感、黃陂地區掃蕩。29 日，一八九師在孝感以北之道士沖附近突遭日軍包圍，經激烈戰鬥，始突出重圍。

1月28日

〔1〕中共中央政治局通過《中共中央關於抗日根據地土地政策的決定》。確定減租減息三原則：1、承認農民是抗日和生產的基本力量，因此要扶助農民，實行減租減息；2、承認大多數地主是要求抗日的，一部分開明紳士是贊成民主改革的，故應交租交息；3、承認富農是農村中的資產階級，是現時比較進步的，因此目前不是削弱而是鼓勵。

1月29日

〔1〕國民政府外交部長宋子文接美陸軍部長史汀生函，說明史迪威來華的任務；一、監督美國援華物資的撥配與使用；二、指揮在華美軍及蔣介石撥交之中國軍隊；三、參加在中國召開的國際作戰會議，並擔任蔣介石之參謀長；四、控制在中國境內之滇緬公路。

1月31日

〔1〕國民政府財政部宣佈，淪陷區四銀行（中國、中央、農民、交通）被日寇劫持之一切業務無效。

〔2〕日軍萬餘人開始對晉西北進行「掃蕩」。

〔3〕緬甸英軍退出毛淡棉，撤守薩爾溫江對岸地區。

1942年2月　中國遠征軍第五、第六軍進駐緬甸

2月1日

〔1〕毛澤東在中央黨校開學典禮上作《整頓黨的作風》的報告，提出整風的主要內容是反對主觀主義以整頓學風，反對宗派主義以整頓黨風，反對黨八股以整頓文風。其方針是「懲前毖後，治病救人」。此後各根據地黨政軍部門機關整風開始。

2月2日

〔1〕羅斯福向國會提出對華貸款5億美元，作爲戰費或增加國內經濟之用。

〔2〕英國政府通知中國，願貸給中國5千萬英鎊。

〔3〕史迪威奉命調任中國戰區參謀長。

2月3日

〔1〕日軍對太行、太岳和晉西北抗日根據地，同時進行大規模「掃蕩」。

2月4日

〔1〕蔣介石偕宋美齡與王寵惠、張道藩、董顯光及英大使卡爾由重慶飛緬甸、印度訪問，當夜抵臘戌。次日抵印度之加爾各答。

2月6日

〔1〕由陳納德所指揮之美國空軍志願隊（飛虎隊）在仰光上空擊落日機20架。

2月7日

〔1〕英國軍事代表團團長丹尼斯奉命聲明，歡迎中國遠征軍入緬甸作戰。

2月8日

〔1〕毛澤東在延安幹部會議上作《反對黨八股》的報告，指出黨八股是主觀主義、宗派主義的一種表現形式。如聽任黨八股發展下去，是會害黨害國的。

〔2〕同日，英國海軍部宣佈，將駐泊長沙之鷹、塘鵝、泥鳥號三炮艦贈送給國民政府。

〔3〕湖北日軍攻佔白果。八十六軍軍長莫樹杰命令：挺進四縱全力阻擊進犯三里城之敵；一八九師伴裝襲擊中館驛和宋埠以阻止守敵增援白果；保四旅及挺進四縱二支隊出擊（黃）陂河（口）公路，以策應各方面之作戰；同時電請鄂東遊擊總指揮程汝懷令位於麻南的保三旅以有力一部襲擊白果至中宋公路，以妨害敵之運輸。國軍各部隨即按照軍部命令向敵出擊，經激烈戰鬥，於15日收復白果，並完全將敵擊退。

2月10日

〔1〕蔣介石與印度總督林里資哥及印度軍總司令哈特萊為印度政治問題、軍事實力及如何團結印度民眾共同對抗侵略問題，先後交換意見。旋又多次與前印度國大黨主席尼赫魯會晤。後據丘吉爾的勸意，蔣介石於18日在加爾各答白拉爾公園與甘地會晤，會談先後達 5 小時，始行分別。並成立中印協定，中國在印境設立物資儲運網，以雷多為內運出發站。

2月11日

〔1〕全印學生會聯合會宣佈，定15日為「中國日」。

2月12日

〔1〕東北抗日聯軍第三軍軍長趙尚志率部襲擊敵偽警察分所時，被混入隊伍的特務劉德山開槍擊成重傷被俘，因拒絕醫治，流血過多而犧牲。

〔2〕蔣介石接見尼泊爾國王子巴哈度，奉其父卓達王之命前來，並貢獻革達王親獵之虎皮一張，另以印幣 5 萬盧比，為救護中國戰時難胞之用，蔣乃欣然接受。

2月14日

〔1〕日軍在定縣油房鎮施放鼠疫菌。

〔2〕倫敦舉行「對華致敬」民眾大會，歡迎中國成為英之盟國。

2月16日

〔1〕日軍在通明、雷州兩港登陸，進據海康，中方軍隊退守客路。

2月21日

〔1〕蔣介石訪問印度結束，午後偕宋美齡及隨行人員自加爾各答乘機返國，晚抵昆明。

2月23日

〔1〕《中英共同防禦滇緬路協定》簽字。據此中國遠征軍第五、第六軍進駐緬甸抗日。

2月24日

〔1〕國民政府外交部公佈，中、波即復交，波蘭宣佈取消承認偽滿洲國。

〔2〕同日，駐英大使顧維鈞代表中國出席倫敦太平洋作戰會議。

2月25日

〔1〕蔣介石令第五軍進入緬甸之同古及其以南地區，第六軍沿泰緬邊境前進，兩軍均由第五軍軍長杜聿明統一指揮。杜絕接受英緬軍總司令指揮。

2月26日

〔1〕英國新任駐華大使薛穆抵重慶。

〔2〕國民政府軍委會參謀團駐臘戍代表候騰由臘戍飛抵昆明，向蔣介石報告緬甸情況及英緬軍司令胡敦對中國入緬軍的部署意見。次日，蔣介石下達入緬作戰命令。

2 月 27 日

〔1〕蔣介石正式下達中國遠征軍出兵緬甸的命令。當日，蔣介石命令中國第五、第六軍立即全部入緬，協同英軍作戰，並命第五軍軍長杜聿明統一指揮第五、六軍。另外，第六十六軍主力則移防邊境地區準備隨時入緬。按照命令，第五軍第二〇〇師作爲全軍先頭部隊將於 3 月 1 日開始急行入緬，在平滿納、同古間地區佔領陣地，掩護第五軍主力集中。

〔2〕同日，蔣介石在昆明接見英國聯絡參謀馬丁，商決中國遠征軍進駐同古辦法。

1942 年 3 月　戴安瀾率第二〇〇師到達緬甸同古

3 月 1 日

〔1〕蔣介石由昆明飛抵臘戍。次日與魏菲爾商談據守仰光與庇古之軍事問題。

〔2〕冀魯豫軍區召開第二次軍事研究會，確定增強邊沿地區游擊支隊，開展反「蠶食」、反封鎖鬥爭。

3 月 2 日

〔1〕蔣介石前往緬甸視察，在臘戍接見韋維爾總司令，商談據守仰光與同古之部署。次日，接見緬甸總督史密斯，對緬甸防務交換意見。下午，召集入緬作戰部隊高級軍官講話，詳示入緬作戰部署與國軍作戰指導方針。同時，英政府宣佈，韋維爾留任駐印度英軍總司令。

3 月 4 日

〔1〕蔣介石與「飛虎隊」指揮官陳納德商談空中偵察與在緬甸使用空軍計劃。商談結束後，蔣即由臘戍飛返昆明。

〔2〕美國史迪威抵重慶，將就任中國戰區聯軍參謀長。

3月5日

〔1〕美國泊駐重慶之圖圖拉號炮艦贈給國民政府。

3月6日

〔1〕蔣介石在重慶接見中國戰區參謀長史迪威中將，派他指揮入緬作戰的中國遠征軍。

3月7日

〔1〕中國遠征軍戴安瀾率第二○○師到達緬甸同古，協同英軍作戰。

3月8日

〔1〕英政府任命亞歷山大上將為英緬軍總司令，原任胡敦改任參謀長。

〔2〕日軍侵佔緬甸仰光。

3月10日

〔1〕國民黨中宣部部長王世杰宣佈：中國政府決定派遣軍事代表團赴美，由熊式輝率領，參加盟軍軍事會議。

〔2〕陳納德將軍之「飛虎隊」改編為美國駐華第十四航空隊，今日成立。

3月11日

〔1〕日軍在浙東象山港登陸，在山東方面進犯菏澤、曹縣一帶邊境。

3月12日

〔1〕蔣介石任命衛立煌為中國遠征軍第一路司令長官（未到職），杜聿明為副司令長官。

〔2〕緬甸政府派福格德為首任駐華代表。

3月13日

〔1〕中國軍隊第一○七師襲擊佔領金門的日軍，炸毀日軍油庫。

3月14日

〔1〕中航 DC-2 式機由昆明飛重慶，失事焚毀，英軍事代表團長鄧尼斯等 17 人遇難。

3 月 15 日

〔1〕蔣介石調西安辦公廳主任衛立煌任緬甸遠征軍總司令，其遺缺派朱紹良兼任之。

〔2〕日本第十五軍決定緬甸北部的作戰計劃，企圖在 5 月底前捕捉殲滅中英軍隊主力。

3 月 17 日

〔1〕劉伯承、鄧小平簽發《武裝工作隊初次出動到敵佔區工作指示》。

3 月 18 日

〔1〕中國軍隊第一○七師襲擊佔領廈門的日軍，將島上敵軍事設備大肆破壞。

〔2〕日軍到達緬甸皮尤河南岸，與中國遠征軍發生激烈的前哨戰。19 日，遠征軍第二 00 師一部在皮尤河大橋殲日軍約 200 人。是日至 22 日，第二 00 師與日軍在緬北彪關河兩岸進行遭遇戰 10 多次，擊斃日軍 500 餘人，初戰告捷。

3 月 19 日

〔1〕晚，有新疆王之稱的盛世才四弟盛世騏在家中被殺。盛世騏當時擔任新疆機械化旅旅長，陸軍中將，在新疆的地位僅次於盛世才。他的死，傳聞眾多，並無定說。

3 月 20 日

〔1〕侵緬日軍在正面進攻鄂克溫陣地同時，又以一部向同古以北克永岡機場迂迴。當晚機場淪陷，第二○○師師長戴安瀾調整部署，將鄂克溫、坦塔賓前沿陣地放棄，集全師主力保衛同古。

3 月 21 日

〔1〕宋子文與美財政部長摩根素在華盛頓正式簽訂「中美借款（5 億美元）協定」。

〔2〕中國入緬遠征軍已在西陽與日軍接戰。隨後，退扼緬甸鄂克溫。

3 月 25 日

〔1〕日本商工省指定向僞滿洲國遷移 34 個工廠。

〔2〕緬甸日軍迫近同古，與中國軍隊發生激戰。日軍使用毒氣，中國軍隊堅守陣地不退。血戰四晝夜，予敵重創。

3 月 26 日

〔1〕侵緬日軍在空、炮、戰車配合下，以 3 個團猛攻同古，守軍陣地被突破，敵軍衝入市區，雙方發生激烈巷戰，遠征軍傷亡慘重。

3 月 28 日

〔1〕中英軍與日軍激戰。日軍佔領孟加接灣之安達曼群島，切斷印緬海上交通線。

3 月 29 日

〔1〕增援同古的中國新二十二師經過激烈戰鬥攻佔同古以北的南陽火車站。同時，堅守同古的第二〇〇師因彈盡糧絕，援軍遲遲不至，已陷於最後苦戰。加之第五軍預備隊第九十六師因日軍轟炸車站無法前進，第五軍軍長杜聿明下令放棄同古。孤軍堅守數日的第二〇〇師留下部分部隊在市區進行掩護，主力於當日在新二十二師接應下撤出戰鬥。第二〇〇師至次日拂曉安全渡過西當河，撤至葉達西。同古保衛戰，我殺傷敵人三四千人；第二〇〇師亦損失慘重，傷亡 2500 餘人。

3 月 30 日

〔1〕日軍第五十五師團主力以及第五十六師團搜索聯隊經過激戰，攻入緬甸同古市區東端，但仍未能突破守軍主要陣地。守軍僅爲第二〇〇師留下的部分掩護部隊，該部隊在完成任務後主動撤離，同古保衛戰結束。同古戰鬥是緬甸戰役中，中英聯軍堅守時間最長的一次陣地防禦戰鬥，也是一次陣地防禦戰中成功實施敵前撤退的範例。該戰鬥有力的遲滯了日軍在緬甸的攻勢。

〔2〕日軍在華北開始推行第四次「治安強化運動」。

〔3〕美國按租借法案補充提供給中國空軍的飛機開始到達。

〔4〕中共瓊崖特委領導瓊（山）文（昌）抗日根據地軍民，以內外線相結合的廣泛游擊戰，打破日軍的「蠶食」、「掃蕩」。

3 月 31 日

〔1〕華盛頓成立太平洋作戰會議，由中、澳、新、荷、加、英、美 7 國組成之，定於 4 月 1 日開首次大會。

1942 年 4 月　六十六軍相繼入緬解救被圍英軍

4 月 1 日

〔1〕日偽軍 3 萬餘人開始對冀東抗日根據地進行大規模「掃蕩」。

〔2〕今日，中、美、英、加等七國在華盛頓舉行太平洋軍事會議。

〔3〕緬境西路英軍放棄普羅美，日軍繼續北犯。中國遠征軍在東瓜苦戰，殲敵數千後撤離出城。

4 月 2 日

〔1〕蔣介石派羅卓英爲遠征軍司令官。

〔2〕同日，滇緬路封閉。

4 月 5 日

〔1〕蔣介石偕羅卓英到臘戌，視察緬甸戰況。次日，巡視梅苗、曼德勒，約見亞歷山大、史迪威兩將軍商談戰事，決定平滿納會戰，增調第六十六軍入緬。

4 月 6 日

〔1〕陝甘寧邊區召開政府委員會議，討論精兵簡政問題。

4 月 7 日

〔1〕張軫率第六十六軍開始入緬。該軍孫立人新編第三十八師向曼德勒推進。

4 月 8 日

〔1〕美空軍第一次飛越喜馬拉雅山，從事軍品運輸，該航線成中國獲得外援的重要通道。稱爲駝峰航線。它成爲中國獲得外援的最重要的航線。

〔2〕中國軍事代表團熊式輝等一行飛抵美國。

4月9日

〔1〕滇境空戰，中國空軍、美志願軍擊落日機 10 架。

4月12日

〔1〕侵緬日軍向遠征軍新二十二師陣地攻擊，該師分別佔領沙加耶北方陣地阻敵。16 日，在第九十六師掩護下，該師向彬馬拉集結整頓。

4月16日

〔1〕日軍第三十三師團第二一四聯隊進至仁安羌以東 5 公里處，隨後搶佔公路交叉點附近的屯岡陣地，並以一個大隊北進至賓河以北，截斷了英緬軍第一師及裝甲第七旅一部的退路。仁安羌戰鬥由此而打響。

4月17日

〔1〕英緬軍第一師及裝甲第七旅共 7000 餘人被包圍於仁安羌以北地區，仁安羌戰鬥打響。當日，日軍第三十三師團荒木部隊佔領馬圭，與截斷英緬第一師及第七旅一部退路的第二一四聯隊共同將該部英軍包圍在仁安羌以北地區。包圍圈內外英軍接連發起突圍攻擊，但均被日軍挫敗。

〔2〕同日，入緬中國遠征軍新編第三十八師劉放吾第一一三團接到遠征軍長官部命令，火速出發馳援仁安羌被圍英軍，並配屬英軍輕型坦克 12 輛、火炮 3 門，抵達賓河以北做好攻擊準備。新三十八師師長孫立人則親自趕赴前線指揮仁安羌作戰。

4月18日

〔1〕中國遠征軍以第六十六軍新三十八師之一部馳援仁安羌被圍之英緬軍，將日軍第三十三師團先頭部隊擊潰，英緬軍全部解圍，求出被俘英軍、美教士和記者 500 餘人，及馱馬千餘匹。捷報轟動英倫三島，以後英國曾向新三十八師師長孫立人、團長孫繼先等頒發勳章。中國遠征軍因右翼英軍撤退陣地，孤軍突出，遂放棄原擬在平滿納會戰之計劃。

〔2〕當日，北線日軍二一四聯隊的一個大隊，在劉放吾第一一三團攻擊下傷亡慘重，涉水退至賓河以南。同時為配合解圍作戰，英緬軍第一師在師長史考特指揮下發起突圍作戰，但經過苦戰毫無進展，於是再次致電求援。

〔3〕40 萬華工趕修中印公路，中國段大部完成。該公路中國段由成都經

康定、巴安至印度的阿薩密，全長 700 公里，規定年底全部完成。

〔4〕劉少奇受中共中央委託，由蘇北到山東，主持召開山東分局與山東軍政委員會聯席會議，討論戰略方針和主要領導幹部配備問題。

〔5〕美國轟炸機從航空母艦上起飛，空襲日本東京、名古屋等城市。轟炸機飛臨東京時，剛剛結束了一場防空演習的日本老百姓還以為頭上的大隊飛機是剛才演習的繼續。直到東京北部的工廠區傳來一陣陣劇烈的爆炸聲，濃煙和塵霧籠罩了半個天空，人們才發現，這些飛機的機翼上不是他們看慣了的旭日圖案。當空襲進行時，日本天皇裕仁正在御花園為前方將士採藥，以示恩澤。警報初起時，他也以為是演習。當聽到爆炸聲後，他失去了往日的矜持，大聲叫喊起來，一把拉起良子皇后的手躲進櫻花林，周身顫抖不止。直到空襲過後衛兵四處尋找，他才驚魂初定。這次空襲使日本國內民心惶恐，社會騷動，朝野責難。日本政府為減少空襲的威脅、安撫民心，急令中國派遣軍迅速打通浙贛線，攻佔和搗毀浙江和江西境內的中國軍事機場及其附屬設備。

〔6〕晚 7 時許，空襲日本東京返航的美國第十航空隊 B-25 飛機一架在遂昌縣黃沙腰墜落。

4 月 19 日

〔1〕新三十八師取得仁安羌戰鬥的勝利。當日凌晨，新三十八師一一三團在團長劉放吾率領下渡過賓河，向日軍展開全線進攻。日軍為挽回頹勢組織反擊，雙方展開激烈廝殺，一一三團三營營長張琦在戰鬥中犧牲。（英國皇室頒發銀星勳章由其女兒張錦蘭保存在祁陽家鄉）。被圍英軍也展開突圍攻擊，但均遭日軍壓制，英緬第一師完全崩潰。激戰至下午，一一三團突破日軍包圍圈與被圍英軍取得聯繫，救出被圍英軍 7000 餘人，並將奪回的汽車 100 餘輛和馬匹 1000 餘頭交還英軍。在仁安羌參加作戰的第一一三團人員（1121 人參戰）共有 204 人陣亡，318 人受傷，據稱斃傷日軍 500 餘人。

被營救的英軍熱烈擁抱中國士兵

4月21日

〔1〕中國遠征軍在緬甸打響東枝戰鬥。遠征軍第六軍在緬東地區遭到日軍第五十六師團部隊攻擊，節節敗退，丟失了孟榜、雷列姆等地，並退守孟休。當日，遠征軍第五軍以第二〇〇師及軍屬騎兵團增援東枝，但日軍第一一三聯隊第二大隊已攻佔東枝。騎兵團隨即向東枝發起攻擊，第二〇〇師於24日拂曉投入戰鬥。戰鬥至25日，中國軍隊收復東枝。

4月23日

〔1〕日本侵略軍飛機8架轟炸麗水，炸死121人，炸毀房屋2282間。

4月24日

〔1〕冀察戰區副總司令兼游擊總指揮，三十九集團軍副總司令，孫良誠率部6 000餘人降日。

〔2〕遠征軍第二〇〇師克復棠吉，並在薩爾溫江前線進行反攻。次日、日軍陷雷列姆、猛腦、孔海坪等地，分兩路向臘戍突進。

4月25日

〔1〕史迪威、亞歷山大、羅卓英和杜聿明在曼德勒召開緊急會議，決定在緬全部軍隊向中國邊境和印度境內撤退。

4月28日

〔1〕由於日軍從右翼迂迴至臘戌外圍，同時左翼英軍部隊節節敗退，指揮中國遠征軍史迪威和羅卓英被迫放棄曼德勒會戰計劃，同時命令部隊向北轉移。

4月29日

〔1〕日軍對冀南抗日根據地開始大規模「掃蕩」。

〔2〕日軍第五十六師團佔領緬甸東北部的臘戌，從而切斷了滇緬公路，並直接切斷了中國遠征軍六十六軍回國的退路。軍長張軫指揮突圍，其秘書湯立人、警衛連長任繼民殉國。軍部參謀處作戰科長張致廣隨同新二十八師劉伯龍師長親臨前線指揮，不幸胸部中彈陣亡（張致廣是黃埔軍校第四期生，張軫的侄子），足見戰鬥之激烈。

〔3〕中國航空公司中印線飛機（即駝峰運輸）改停印度汀江。

4月30日

〔1〕進攻臘戌的日軍五十六師團奉命向中國境內進攻。他們分兵兩路，一路撲向緬甸最後一個大城市密支那，以切斷中國遠征軍的退路，一路由阪口少將率領，沿滇緬公路向中國境內挺進。由於中緬公路切斷，中國遠征軍（轄第五、第六、第六十六軍）被迫全軍撤退。但戰機喪失加上指揮失當，多支日軍先遣隊已超越中國遠征軍部隊前方，切斷了遠征軍的主要退路。中國遠征軍各部隊在日軍截擊、追擊下，陷入失去聯繫和各自爲戰的境地。

1942 年 5 月　遠征軍失利分別退到印度、滇西

5月1日

〔1〕日軍佔領緬甸重要城市曼德勒，同時東路日軍已經突進至中國遠征軍主力側後方。

〔2〕中國國民政府宣佈國家總動員會議成立。

〔3〕國民政府財政部開始發行「美金公債」一億元。

〔4〕日軍「華北方面軍」在崗村寧次指揮下，糾集 3 個師團、兩個旅團的部隊約 5 萬餘人，在坦克飛機的配合下，對冀中抗日革命根據地發動空前殘酷的「五一大掃蕩」。日軍首先集中兵力，對冀中根據地的腹心地區形成包

圍圈，以魚鱗式的縱深配合，實行「鐵壁合圍」掃蕩，企圖殲滅冀中軍區主力部隊和領導機關。冀中主力部隊機動靈活地跳出敵人的合擊圈轉入外線作戰。此後，日軍對我分區和縣級領導機關實行「奔襲合圍」，反覆掃蕩，結合「清剿」，建立據點、築碉、修路，實行封鎖分割。冀中根據地被敵上千個據點分割，根據地受到嚴重損失。冀中軍民頑強抗擊敵人，在 2 個月的反「掃蕩」中，作戰 270 餘次，斃傷日偽軍 1.1 萬餘人。但同時也遭到重大傷亡，冀中八路軍主力和地方部隊減員總計達 16000 多人減員（占總數 46.8%），地方黨政機關和群眾團體嚴重被破壞，群眾及民兵傷亡和被擄走的達 5 萬餘人。

進行掃蕩的日軍

5月2日

〔1〕日軍第五十六師團快速部隊三千人越過國境，以十輛坦克開始攻陷畹町。三日，再占遮放，芒市。四月下午進入龍陵縣城。第六軍軍長甘麗初眼看敵人將至，竟然下令炸毀一連坦克堵塞公路，以期遲滯敵人的行動。結果日軍只花了兩個小時就清除路障繼續前進。臘戌日軍繼續北進，進犯滇邊，

遠征軍放棄瓦城（曼德勒）。

5 月 3 日

〔1〕日軍空軍猛炸臘戌，攻陷滇邊重鎮畹町，繼占八莫，向密支那進犯。遮放、芒市、龍陵相繼失守。

5 月 4 日

〔1〕中共中央北方局和八路軍總部聯合發出《關於反對敵人「蠶食」政策的指示》。

〔2〕日本飛機狂炸雲南保山，適逢集市貿易，城鄉居民死傷千人以上。緬甸僑胞領袖吳文舉途經保山，不幸殉難。

〔3〕爲阻止日軍繼續東進，中國軍隊炸毀惠通橋。日軍先頭部隊混入我北撤車輛之中，企圖偷襲惠通橋。就在千鈞一發之時，守橋部隊和工兵得知日軍已遏進惠通橋，果斷拉動雷管，東岸橋塔和主索炸毀，橋面墜入江底。當日軍裝甲部隊趕到惠通橋時，見橋已被炸，改用橡皮艇強渡怒江。危急關頭，幸虧由西康入滇的第七十一軍三十六師先頭部隊，從祥雲及時趕到惠通橋東岸，與渡江之敵展開激戰，頂住了日軍攻勢。在空軍支持下，經 3 天 3 夜激戰，渡江日軍大部被殲，其餘逃回西岸。事後第三十六師受到表彰。

5 月 5 日

〔1〕偽滿洲國開拓總局公佈，第一期開拓計劃期間，共移入日本人 10·7 萬人。

〔2〕同日，寶山空戰，中國空軍擊落日機 8 架。

〔3〕同日，北緬莫八淪陷，日軍進犯至保山惠通橋附近，與我軍隔怒江對峙。次日，日軍強渡怒江，與我軍第七十一軍的李志鵬三十六師激戰。我軍已控制東岸高地。

5 月 8 日

〔1〕日軍佔領緬北密支那，並佔領緬西阿恰布。遠征軍一部撤回雲南境內。

5 月 9 日

〔1〕新四軍第五師一部渡江南下，發展鄂南抗日游擊戰爭。

5月10日

〔1〕侵緬日軍進犯滇西騰沖，次日攻佔該地。顧葆裕預備第二師全部渡過怒江，迎擊敵人。

5月15日

〔1〕浙東日軍爲了打通浙贛路，清除衢縣空軍基地的威脅，出動五個師團和三個旅團兵力，即：七十師團、二十二師團、十五師團、一一六師團、三十二師團和小袁江、原田、河野呂團、加上奈良支隊，分由奉化、上虞、紹興、蕭山、富陽方面同時西犯，主力沿浙贛線進犯。與此同時，江西南昌之日軍三十四師團、第三師團、加上今井、井手、平野、竹原四個支隊則東犯，配合浙東日軍進犯浙贛線。浙贛會戰開始，至8月31日結束。

〔2〕我軍何紹周第八十八軍、王鐵漢第四十九軍、馮聖法暫編第九軍等部進行阻擊浙贛日軍。

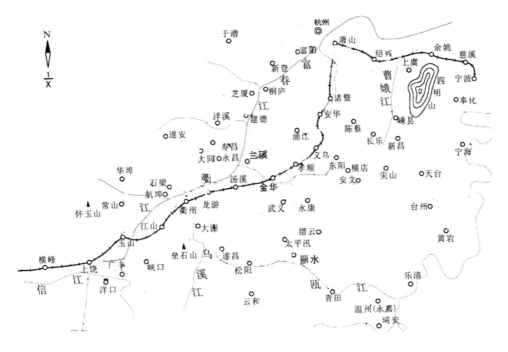

浙贛會戰周邊示意地圖

5月16日

〔1〕日軍七十師團由奉化向嵊縣、新昌進犯。今日，嵊縣失陷。

〔2〕日軍一一六師團從富陽開始行動，第三十二師團尾隨其後。

〔3〕第二○○師師長戴安瀾在緬境郎科地區突圍中負重傷，團長柳樹人等犧牲。

5月17日

〔1〕河野旅團從紹興經楓橋向諸暨進犯，今日，諸暨淪陷。

〔2〕蘇軍千餘名，強佔新疆之哈密，雖經中國當局交涉，竟不願撤退。

5月18日

〔1〕中國國防最高委員會決定：6月14日爲「同盟國日」。

〔2〕日軍一一六師團又陷分水、桐廬。十五師團和七十師團沿浙贛路向金華、義烏集結。中國第三戰區爲避免在金華、蘭溪決戰，主力部隊西撤，部署在衢縣爲決戰地區。

〔3〕新第二十二師到達曼西以北的南利特，新第三十八師抵曼西，向印度方向撤退，30日到達印度境內。

〔4〕遠征軍第六軍放棄景東退入滇南，以第九十三師留後掩護，第四十九師撤至南嶠，暫第五十五師及劉觀隆支隊撤至車里，軍部向車里轉移。第九十三師最後撤至打洛，以擔任中緬邊境之防衛。第六軍入緬作戰至此告一段落。

5月19日

〔1〕我七十一軍第八十八師在胡家驥師長帶領下，全部由惠通橋下游渡過怒江，進出鎮安街一帶，破壞交通，襲擊日軍。

〔2〕田家會戰鬥打響。當日，晉西北軍區部隊在參謀長周士第指揮下，以第三五八旅第七一六團等部於將日軍第六十九師團第八十五大隊 600 餘人和僞軍 400 餘人包圍於興縣、嵐縣、臨縣交界的田家會。經過一天的激戰，除少數日僞軍潰散外，共殲滅日僞軍 500 餘人，繳獲山炮 1 門，輕重機槍 8 挺，步槍 157 枝，使日僞的「掃蕩」徹底失敗。

5月20日

〔1〕中國軍隊主力後撤，日軍連陷浦江、永康、建德、東陽、義烏。

5月22日

〔1〕中國遠征軍進抵印、緬交界之坎柏蛹。

5月23日

〔1〕金華城內大火，徹夜不熄。我第十集團軍指揮部撤出金華。

〔2〕我第三十二集團軍張文清第二十五軍由壽昌、淳安地區南下衢縣參戰。

5月25日

〔1〕八路軍副參謀長左權將軍在山西省遼縣（今左權縣）指揮部隊與日軍作戰中犧牲。是八路軍在抗日戰爭中犧牲的最高將領。

左權墓位於邯鄲市晉冀魯豫烈士陵園

〔2〕日軍連日向金華、蘭溪攻擊。臨時受第三戰區指揮的趙錫田第六十三師、段霖茂第七十九師堅守陣地，抗擊日軍。

5月26日

〔1〕中國遠征軍第二〇〇師師長戴安瀾 18 日身受重傷後，今日在孟密特北醫治無效，不幸殉國。時年 38 歲。10 月 16 日，國民政府追贈戴安瀾為陸軍中將。

〔2〕浙贛戰事我暫九軍、八十八軍及由壽昌南下的屬於三十二集團軍的二十八軍一部，在金華、蘭溪一線阻擊日軍，主力避免作戰，向衢縣方向集結。

5 月 27 日

〔1〕印度駐華總代表沙潔福抵重慶。

〔2〕浙贛方面日軍各師團全力進攻金華、蘭溪，我軍八十八軍奮力抵抗。

5 月 28 日

〔1〕日軍侵入金華、蘭溪，第十五師團長酒井直次被炸斃。在蘭溪城北 1.5 公里的一個三岔路口，酒井直次所騎的戰馬踏中地雷。「轟」地一聲巨響，砂石俱下，地雷爆炸了，酒井直次從馬上墜落，身負重傷後死亡，而那匹馬已經被炸得像一團稀泥。三天後，日軍石川少將從南京趕來蘭溪，接替酒井直次指揮十五師團。

〔2〕在河北省定縣北垣村，日軍使用毒劑毒殺轉入地道堅持抗戰的軍民 800 餘人，製造了慘絕人寰的北垣慘案。

5 月 29 日

〔1〕中國軍隊第二十六軍、第四十九軍、第八十六軍、第八十八軍等約十個師在衢縣周圍集結完畢，準備在衢縣與日寇決戰。

〔2〕南昌方面日軍第三、第三十四師團渡過撫河，沿浙贛線向東進攻，準備與浙江方面西侵的日軍夾擊中國軍隊。

5 月 31 日

〔1〕中國遠征軍入緬作戰失利，一部退往印度，一部退到滇西邊境，採取守勢，形成與敵隔怒江對峙局面，準備爾後反攻。

〔2〕日軍在溫州彎坎門登陸。

〔3〕駝峰運輸正式開通。美第十航空隊從印度汀江直飛昆明或重慶。6 月份運量達 29.6 噸，至年底每月運量增至 4000 多噸。

1942 年 6 月　中日浙贛會戰展開

6月1日

〔1〕日軍陷江西弋陽。

〔2〕抗日軍政大學華中分校成立。

〔3〕原擬在衢縣決戰的計劃突然生變。負責固守衢縣城郊的第八十六軍軍長莫與碩見形勢嚴峻，竟以收容第十六師潰散部隊為藉口，擅離職守，出城向江山方向逃去。第三戰區司令部令其返回衢縣，但形勢逆轉。蔣介石下令將他和參謀長胡炎立免職，押解重慶。以「陣地失防，作戰不力」，二人各被判有期徒刑五年。後於 1947 年 5 月莫與碩任第三補給區司令期間，又以私占接收日軍槍械和貪污軍用物資罪批准判處死刑，由國防部派員，組織軍事法庭會審，同年 9 月 16 日，莫與碩及其同案廣東省護沙總隊少將總隊長李節文在廣州同時被槍決。

6月2日

〔1〕國民政府外交部長宋子文與美國務卿赫爾在華盛頓簽訂《中美抵抗侵略互助協定》，亦稱《中美租借協定》。

〔2〕浙江我軍攻克浦江，敵陷進賢。互有得失。

6月3日

〔1〕第三戰區原擬在衢縣決戰的決定改變。統帥部令，避免衢縣決戰，主力撤出衢縣，誘敵深入，分頭截擊。日軍進犯衢縣，日軍四個師團加一個旅團四下進攻，空軍、炮兵同時猛力轟擊，我軍激烈抗擊，死傷嚴重。當夜衢縣傾盆大雨，烏溪江江水猛漲，日軍轉移中，無法渡江。又與我軍遭遇。

6月4日

〔1〕美日中途島戰役開始。日本海軍在襲擊中途島時與美軍激戰，日軍受到極大的打擊。

〔2〕衢縣連日大雨，江水繼續猛漲。中日雙方作戰都受到不同程度影響。

6月5日

〔1〕日軍進犯建德、金華時，皆施用毒氣彈。羅斯福警告日本，如在中國或其他盟邦使用毒氣，美國將予報復。

〔2〕日軍第十五師團兵臨衢縣城下，猛烈攻城，並使用毒氣。衢縣城牆

深厚，護城河水彌漫。守城八十六軍由副軍長兼六十七師師長陳頤鼎指揮，
憑藉城防工事堅固，頑強抵抗。當時日軍已經四面包圍，八十六軍奉命突圍
撤退。

6月6日

〔1〕日軍第十五師團攻佔衢縣南門及新開門，河野旅團攻佔東北門、北
門及西北角城牆。此時，船民齊大年從信安江游水進入城中，帶來了集團軍
總司令王敬久關於守軍向楓林港突圍的指示。副軍長陳頤鼎與第十六師師長
曹振鐸商議後，以第四十六團第二營擔任掩護，丟棄了重傷員及一切重武器、
騾馬車輛等，利用夜暗天雨突圍西撤。在第四十六團第二營官兵英勇頑強的
抗擊下，已經佔領了城門及城牆的日軍始終未能進入城內，亦未能阻止住突
圍的部隊。激戰至 7 日拂曉，第六十四團團長謝士炎率領第二營殘部 100 餘
人從東門突圍（第二營營長宋漢武已犧牲），繞道向清明鎮轉進，抵達我第七
十四軍防地。衢州為日軍佔領。

6月8日

〔1〕贛東方面日軍第十一軍由南昌出發向東攻擊後，其第三、第三十四
師團近日分別佔領臨川、東鄉。

〔2〕中共中央宣傳部《關於在全黨進行整頓三風學習運動的指示》。從
此，在全黨開展了反對主觀主義以整頓學風，反對宗派主義以整頓黨風，反
對黨八股以整頓文風的整風運動。

〔3〕由於連續大雨，江河泛濫，衢州附近平原盡被水淹沒，日軍龍遊前
進機場停放的飛機，3 架被水沖走，其餘機艙進水，均已不能使用。加以各師
團的重武器及車輛等仍被阻於烏溪江北岸，而剛剛修好的臨時鐵路橋又被沖
毀，因而日軍第十三軍決定暫緩實施追擊。

6月9日

〔1〕八路軍在冀中反『掃蕩』中，殲滅日軍冀勃特區『掃蕩』司令官阪
本旅團長所率之部隊及援軍，擊斃阪本旅團長。

6月10日

〔1〕根據中共中央軍委決定，陝甘寧晉綏聯防軍司令部正式成立。

〔2〕第三戰區令第十集團軍在江山地區、第三十二集團軍在玉山地區組織防禦，令第二十五集團軍的第八十八軍、暫第九軍擔任敵後的襲擾及破壞交通線的任務。在各集團軍調整部署之際，日軍第二十二師團首先發動追擊，沿江山港南岸及鐵路兩側向西急進。

6月11日

〔1〕入緬中國遠征軍指揮官羅卓英率團抵印度新德里。

〔2〕岩永支隊強渡白塔河，攻佔了鄧家埠（今餘江縣城）。此時，浙贛路中段日軍攻佔常山、江山，玉山、上饒一帶，兵力空虛，第三戰區已將第一○○軍的第十九師調去沙溪、鉛山，防守鷹潭地區的部隊主要為第一四七師。日軍岩永支隊攻佔鄧家埠的當日，日軍第三師團等部正在南城（建昌）與第九戰區第七十九軍激戰中。

6月12日

〔1〕第三戰區各部隊尚未調整完畢，日軍即發起進攻，當日中午第三十二師團佔領玉山。第三十四師團由臨川出發，向鷹潭、貴溪之間前進。

6月14日

〔1〕日軍繼續西進，未遇大的抵抗即佔領了廣豐，守軍暫十三師的一個團退向信江南岸。日軍乘勢向西急進，中午又佔領了原第三戰區長官司令部所在地上饒。守軍第二十六軍的第四十一師在信江南岸佔領陣地，擊退了跟蹤追擊的日軍。

〔2〕遠征軍第五軍九十六師於5月下旬從緬甸孟關出進入野人山，人饑馬困，又有毒蛇猛獸侵擾，沿途失蹤者達800多人，副師長胡義賓以身殉國。是日抵葡萄地區尚存3000餘。後由阿普塔翻越高黎貢山，經維西於8月23日到達滇西劍川休整。

6月16日

〔1〕日軍侵佔鷹潭、貴溪，浙贛全線盡陷敵手。日軍發現第七十四軍及第四十九軍陣地就在廣豐以南不遠的棋盤山東西之線，嚴重威脅其側後方的安全。當日向兩軍接合部附近尖山、五峰山陣地發起進攻。經反覆激戰爭奪，第七十四軍終於擊退了日軍的進攻。但第一○五師的黃毛山、徐茅嶺陣地被

日軍攻佔，該師退守信江西岸

6 月 17 日

〔1〕晉綏軍三十四軍暫編四十五師少將師長、代軍長王鳳山，率部在萬泉（今萬榮縣）張甕村與日軍展開血戰，身中數彈，腸流腹外，盤腸堅持指揮作戰，堅不言退，壯烈殉國。

6 月 19 日

〔1〕蔣介石接甘地函，盼中印加強合作，要求英國退出印度。

6 月 23 日

〔1〕在華日本共產主義者同盟在延安舉行成立大會，宣言打倒法西斯，建立日本人民政府。

6 月 24 日

〔1〕日本侵略軍侵佔浙江麗水，飛機場被毀。青田、遂昌、松陽縣相繼淪陷。小薗江旅團佔領麗水後，該旅團左縱隊從桐琴市南下進至馬援一個山村後，發現大批雞、鴨、豬、油等物資，並誤以桐油炸雞，全隊中毒造成上吐下泄，完全喪失行動能力。

〔2〕江西日軍退出貴溪。上饒地區，中、日兩軍除不時有小的戰鬥外，基本上形成對峙態勢。

6 月 26 日

〔1〕日本侵略軍侵佔麗水，飛機場被毀。青田、遂昌、松陽縣相繼淪陷。8 月下旬，日軍先後撤離。

6 月 29 日

〔1〕史迪威就任中國駐印軍司令長官，羅卓英為副司令長官。

1942 年 7 月　盟國飛機轟炸漢、穗等日軍機場

7 月 1 日

〔1〕下午，朱紹良一行由蘭州飛往迪化，受到了盛世才的熱烈歡迎。雙

方會談氣氛十分融洽。

7月4日

〔1〕美國空軍志願軍（空軍飛虎隊）改組爲美第十四航空隊第二十三驅逐戰鬥機大隊，即美國駐華空軍特遣隊。陳納德升爲準將改任美國駐華空軍特遣隊指揮官，指揮該隊。據統計，美國退役軍人陳納德率領的美國志願航空隊（「飛虎隊」）到今天止，已在緬甸、中國、泰國和法屬印度支那上空擊落日機 299 架，而自己僅損失飛機 83 架，在 50 餘次空戰中連勝日本空軍。

〔2〕駐江西宜黃之敵大部撤往崇仁，第四軍乘機以第九十師夾擊宜黃守軍。敵軍潰退，收復宜黃。隨後第七十九軍亦南下會合，兩軍向崇仁方面警戒。

7月6日

〔1〕捷克斯洛伐克總統貝奈斯以最高大十字勳章贈蔣介石。

〔2〕中國境內盟國飛機大舉出動，轟炸漢口、南昌、廣州等地日軍機場。

7月7日

〔1〕八路軍冀南區部隊趁青紗帳期發起夏季出擊。

7月10日

〔1〕日軍小蘭江旅團主力經過天長嶺，從西南方進攻浙江溫州，當天下午，在溫州西南遭到守軍阻截，展開激戰。日本海軍動用兩艘驅逐艦和若干掃雷艇，向中國守軍猛攻，守軍奮勇抵抗，還是無濟於事。

7月11日

〔1〕日軍於 11 日佔領溫州。日本海軍陸戰隊 12 日在溫州登陸，遭到守軍攻擊，請求小蘭江旅團支持。當天下午，日軍組成瑞安支隊，向瑞安進發，於 13 日攻克瑞安，救出了海軍陸戰隊。

〔2〕「新疆王」盛世才向國民政府中央報告蘇聯企圖侵佔新疆之經過。

7月13日

〔1〕閩江我軍渡海攻克福斗島。

〔2〕日軍放棄崇仁和宜黃，蔣介石電令中國軍隊停止進攻，南昌以南地

區的戰鬥便告停止。浙贛路東段方面，從 7 月上旬以來，第三戰區發動局部攻勢，先後收復新登、桐廬、建德、弋陽和橫峰。

7月16日

〔1〕蔣介石接見蘇聯駐華大使潘友新，重申今後有關新疆事件，蘇聯政府應與國民中央政府直接洽商，以免發生誤會。並告以對於新疆省經濟事項與蘇聯之交涉，國民政府已派翁文灝前往負責辦理；對於政治調查與督察事項，已派朱紹良赴新疆負責主持，希一併轉告蘇聯政府。

7月17日

〔1〕斯大林格勒會戰開始。1943 年 2 月 2 日結束。

7月18日

〔1〕我劉雨卿第二十一軍七十五師、一〇八師、一四七師，於十八、十九兩日先後克復橫峰、弋陽。敵分別退向貴溪、上饒。日軍企圖貫通浙贛全線企圖終成泡影。

7月20日

〔1〕羅斯福秘書居里，由美經印度，飛抵重慶。次日，居里面遞羅斯福總統親筆信給蔣介石，並對印度問題、中美合作問題、反攻緬甸與改善中英邦交等事，交換了意見。

7月21日

〔1〕中共中央決定新四軍第五師由中央軍委直接指揮。

7月22日

〔1〕盟國太平洋作戰會議商定援華程序。

〔2〕東北抗聯南北兩野營及在東北活動的抗聯人員，統一編為東北抗聯教導旅。周保中任旅長，李兆麟任政治副旅長。

7月25日

〔1〕日軍對晉綏抗日根據地大青山地區發動大規模「掃蕩」。

7月26日

〔1〕晉綏軍騎兵第一軍代理軍長兼騎兵第一師師長趙瑞、副師長段炳昌、騎兵第四師師長楊誠、副師長何焜於山西平遙淨化村被俘後,率部投敵。

7月27日

〔1〕國民政府公佈第三屆國民參政員名單,中國共產黨人有毛澤東、林祖涵、秦邦憲、陳紹禹、鄧穎超、董必武。

7月28日

〔1〕浙贛會戰,日軍侵佔了四十多座城市和沿浙贛線長六百多公里、寬三百多公里的地區。28 日,日軍大本營命令畑俊六停止浙贛作戰,確保金華附近的佔領區。

1942 年 8 月　浙贛會戰結束恢復戰前態勢

8月1日

〔1〕日偽軍 1.3 萬餘人對冀東遷安、盧龍、灤縣、豐潤地區進行「掃蕩」。

8月2日

〔1〕日軍 50 多人潛入浙江青田縣六上鄉,鄉民持柴刀、斧頭殺死日軍15 人。

8月3日

〔1〕史迪威、居里在黃山謁見蔣介石,面陳三路攻日計劃。

〔2〕中國遠征軍新三十八師和新二十二師自緬甸撤出抵達印度東部之雷多,爾後全部轉入軍事訓練。

8月4日

〔1〕中國遠征軍已全部撤出緬甸。除新三十八師和新二十二師進入印度外,其他部由杜聿明指揮按蔣介石命令突破封鎖線,經南盤江、梅苗、南坎以西返國。杜聿明部途經森林蔽天的野人山區,戰士落伍、失蹤、疾病死亡以及被敵追阻殺傷者比戰場上死傷的多數倍。「官兵死亡累累,前後相繼,沿途屍骨遍野,慘絕人寰」。據統計,10 萬餘眾的遠征軍至此僅存 4 萬。事後,國民黨軍隊參謀總長何應欽也不無感歎:此次入緬參戰,「自始至終戰況均呈

被動之態勢，雖官兵奮勇用命，實難挽救全局，實爲憾事」。緬北初戰，終以失敗告終。

〔2〕史迪威、居里由中國赴印度視察蘭伽訓練事宜。

8月5日

〔1〕我軍第二十一師和浙江保安第三團，在松陽縣與雲和縣交界的方山嶺，抗擊企圖入侵雲和的日軍二十二師團、一一五師團，殲敵1000多人。

8月7日

〔1〕美軍在瓜達爾卡納爾島登陸。1943年2月7日，打敗日軍，轉入戰略反攻。

8月11日

〔1〕蔣介石接見英國駐華大使薛穆，表示了對印度之地位的態度。並希望美國出面斡旋，對印度保證，戰後允許其獨立。

8月15日

〔1〕華北日本士兵反戰團體代表大會在延安開幕，決議成立統一的反戰同盟。

〔2〕第十八集團軍野戰政治部發布《關於教育部隊愛護國際戰友訓令》。

8月19日

〔1〕日軍於8月中旬在浙贛戰場撤退，第十三軍大城戶師團留守金華、武義和東陽，內田師團留守新昌和奉化，其餘部隊在19日撤回原駐地；第十一軍所部也從19日開始撤退。贛東我軍當日克復上饒。

8月20日

〔1〕顧祝同於今天命令部隊伺機向日軍後方及側方挺進，基本上未與日軍正面接觸。這樣浙贛會戰便告結束。敵我雙方除日方固守金華、蘭溪外，恢復戰前態勢。

〔2〕巴西宣佈放棄在華特權。

8月21日

〔1〕我軍克復浙贛鐵路線重鎮鷹潭、玉山縣城後，又克青田、東鄉。

8月23日

〔1〕中國軍隊收復浙贛路沿線之江山、常山及江西臨川。次日又克龍遊、蘭溪。

8月27日

〔1〕美國海軍潛艇在福建閩江口外擊沉日本運輸艦兩艘。

8月28日

〔1〕我軍克復被日軍佔領的浙西空軍基地衢縣及遂昌、麗水。

8月29日

〔1〕宋美齡代表蔣介石飛抵迪化，對盛世才的歸順表示撫慰。宋美齡說：「中央堅決相信盛氏，將來新疆各項工作需要中央協助與否，全由盛氏決定。」

1942年9月　遠征軍第一次入緬作戰結束

9月1日

〔1〕中共中央政治局通過《關於統一抗日根據地黨的領導及調整各組織間關係的決定》，規定中央代表機關（中央局、分局）及各級黨委是各地區的最高領導機關，統一領導各地區的黨、政、軍、民工作。

9月2日

〔1〕浙贛鐵路沿線日軍節節退卻，開始縮短戰線，至月底浙贛西段之日軍全路撤回原防。贛東方面已恢復6月前態勢。

9月4日

〔1〕中日浙贛會戰宣告結束。日軍經過三個多月的作戰，攻佔了浙贛一帶蘊藏大量戰略物資的金華、武義、蘭溪等地區，並掠奪了大量物資，破壞了浙江境內的機場。戰役中，日軍傷亡17148人，其中1名中將師團長被擊斃。中國第三戰區在戰役中遭到巨大的人員、物資損失（日方稱第三戰區陣亡40188人，被俘10847人），作戰地區的民眾更是遭到沉重的遭難和損失。

9 月 6 日

〔1〕蔣介石在西安召開軍事會議，10 日閉幕。

9 月 8 日

〔1〕國民政府行政院國務會議決議：免去胡適駐美大使職，調駐法大使魏道明任之。

9 月 11 日

〔1〕美國建造供給中國之第一艘運輸艦，在西海岸某港下水。

9 月 13 日

〔1〕抗聯教導旅成立中共東北特別支部（即東北黨委員會）。

9 月 16 日

〔1〕緬甸全境被日軍佔領，中國遠征軍全部撤出。遠征軍入緬時總數爲 10 萬人，撤回國內的僅 4 萬人，除數千人至印度整訓以外，大部在撤退中傷亡。從 3 月初至 16 日，遠征軍轉戰 3000 里，歷時 6 個多月。遠征軍第一次入緬作戰至此結束。

9 月 17 日

〔1〕盛世才在新疆以「陰謀暴動」爲名，下令逮捕中共在新疆的所有人員 160 多人，其中包括陳潭秋、毛澤民、林基路等中共在新疆的重要領導人。一年後，又將陳、毛、林等主要共產黨人秘密殺害。

〔2〕美國務卿赫爾發表關於「九一八」事變 11 週年的聲明，斥日本爲大戰禍首。

9 月 18 日

〔1〕國民政府派吳澤相爲外交部駐新疆特派員，並加公使銜。

9 月 20 日

〔1〕日本人民反戰團體在延安開會，松本一夫任聯合會會長。

9 月 27 日

〔1〕蔣介石派董顯光攜函赴迪化歡迎羅斯福私人代表威爾基。次日，威

爾基飛抵蘭州。

〔2〕日偽軍分8路突然對冀魯豫邊抗日根據地實行「鐵壁合圍」。

〔3〕晉察冀軍區提出「到敵後之敵後去」的口號。

1942 年 10 月　第三戰區中國各級軍隊反攻

10 月 1 日

〔1〕浙境第三戰區中國各級軍隊反攻，收復永康。

10 月 2 日

〔1〕羅斯福的特別代表威爾基由蘭州經成都飛抵重慶。

10 月 3 日

〔1〕蔣介石、宋美齡設宴招待威爾基，並邀各國使節參加。4 日 6 日，蔣與威會談。蔣介石正告威爾基：「東北與臺灣爲中國領土，戰後必須歸還中國；旅順、大連軍港，可由中、美共同使用。」

10 月 5 日

〔1〕周恩來在重慶會見美國總統代表威爾基。

10 月 6 日

〔1〕威爾基在重慶發表廣播演說，謂全力反攻之時機已到臨。

10 月 8 日

〔1〕日偽軍 300 餘人「掃蕩」浙東三北地區。三北遊擊司令部第四支隊在慈谿縣楊葛殿與日偽軍激戰，殲日偽軍近 200 餘人。9 日，第五支隊又殲日軍 30 餘人。

10 月 9 日

〔1〕華北日偽軍推行第五次「治安強化運動」。

10 月 10 日

〔1〕汪精衛與日本特使平沼等簽訂長期租借海南島及確認華北、蒙疆偽

組織等賣國條約。

　〔2〕美國務院宣佈：國務卿赫爾今已通知中國大使魏道明，願與中國政府談判廢止美國在華之不平等條約。

　〔3〕英國外務部宣佈，英政府已通知中國駐英代辦，願與中國政府討論取消英國在華之不平等條約。美英宣佈放棄在華治外法權。

10 月 11 日

　〔1〕中美新約在華盛頓開始談判。

10 月 12 日

　〔1〕羅斯福電覆蔣介石，允將第十路空軍增至 15 個中隊。

10 月 15 日

　〔1〕中蘇合辦新疆烏蘇獨山子油礦正式會談。

10 月 16 日

　〔1〕蔣介石接見蘇聯大使潘友新，謂：1、獨山子油礦，盼與蘇聯簽訂合同；2、迪化（今烏魯木齊）之飛機製造廠，亦盼訂立合同，以解決懸案。

10 月 22 日

　〔1〕第三屆國民參政會第一次會議在重慶開幕，30 日閉幕。會議討論通過了加強管制物價方案。董必武、鄧穎超出席。董必武被選為駐會委員。

10 月 23 日

　〔1〕蘇聯大使潘友新離重慶返國。

　〔2〕英軍發動阿萊曼戰役。1943 年 2 月結束，非洲戰場實現戰略轉折。

10 月 24 日

　〔1〕美國提出中美新約草案。

10 月 26 日

　〔1〕美機猛襲香港、廣州，擊落日機 10 架。

　〔2〕日軍 1.5 萬餘人大舉「掃蕩」山東沂蒙山區。

10月27日

〔1〕史迪威與魏菲爾會商，中國軍隊入緬路線改由胡康河谷錳拱河岩進入。

10月28日

〔1〕英駐華大使薛穆奉令與國民黨政府外交部談判廢除不平等條約事。

1942年11月　中美英合作修築中印公路

11月1日

〔1〕為疏通國際交通線，中、美、英三方合作自印度利多開始修築中印公路（又稱雷多公路或史迪威公路）。

中印公路的施工車隊

11月4日

〔1〕加拿大總理宣佈，任命歐德倫少將為加拿大駐華公使。

〔2〕中共晉綏分局召開高級幹部會議，貫徹落實「把敵人擠出去」的方針。

11 月 10 日

〔1〕駐蘇大使邵力子歸國抵重慶。

11 月 12 日

〔1〕國民黨舉行五屆十中全會，至 27 日閉幕。通過《黨務改進案》等，謂：「對共產黨仍本寬大政策，冀其能徹底覺悟，服從政府法令，政府必一視同仁，並加以保障」。

〔2〕日偽軍共 2 萬餘人對山東膠東抗日根據地進行大「掃蕩」。

11 月 15 日

〔1〕淮海、淮北和淮南抗日根據地軍民展開冬季反「掃蕩」作戰。

11 月 17 日

〔1〕宋美齡應羅斯福總統夫婦邀請乘飛機赴美。

〔2〕比利時通知中國放棄在華特權。

11 月 22 日

〔1〕福州英國領事署交還租用地。

11 月 27 日

〔1〕盟機襲擊廣州，擊落日機多架，炸毀日一些船隻、倉庫。

〔2〕日本東條內閣作出《關於中國勞工遣入日本國內的決定》。

1942 年 12 月　四十八軍高炮擊斃冢田攻大將

12 月 1 日

〔1〕國民政府行政院國務會議通過，中、荷使節升格為大使。

〔2〕八路軍晉察冀軍區派出大批武裝工作隊，開展打擊敵偽組織的政治攻勢。

12 月 7 日

〔1〕中美無線電傳真試驗成功。

12 月 8 日

〔1〕印度柯棣華大夫在河北唐縣逝世。

12 月 11 日

〔1〕蔣介石接斯大林函，謂中蘇兩國之堅強友誼必在戰後奠定兩國人民合作之基礎，樹立世界永久和平。

12 月 12 日

〔1〕八路軍開展墾荒大生產，第一二〇師第三五九旅大力開墾南泥灣。

12 月 16 日

〔1〕日偽軍萬餘人分 4 路向大、小悟山分進突擊，新四軍第五師展開反「掃蕩」作戰。

12 月 18 日

〔1〕正在演練的桂軍第四十八軍一三八師四一二團三營九連的高射炮隊，一炮將日軍第十一軍司令官兼華中派遣軍指揮官冢田攻大將乘坐的「七九」式九江號飛機擊落。冢田攻及其軍部高級參謀藤原武大佐（死後追晉少將）等隨員共九人全部當場斃命。巧合的是，就在這同一天，日本陸軍省剛剛頒佈了晉升冢田攻爲陸軍大將的命令，成爲了中國軍隊在抗日戰爭期間擊斃的日軍最高將領。

12 月 19 日

〔1〕日軍分三個方向向大別山進攻：第六十八師團主力由蘄春經黃梅進犯太湖；第一一六師團一部由安慶西攻潛山；第三師團分三路由宋埠、浠水進攻羅田。前兩路負責尋找冢田攻的屍體並牽制四十八軍。後一路第六十八聯隊組成的盧田支隊則作爲主攻，繞過三十九軍正面陣地直取立煌。同時，合肥之敵也在大蜀山等地頻繁活動，以牽制六安的第七軍。

12 月 21 日

〔1〕汪精衛在東京同日本天皇和東條英機首相舉行關於加強日本與南京傀儡政府之間關係的談判。

〔2〕日本御前會議通過《爲完成大東亞戰爭之對華處理根本方針》。

〔3〕本年多季，日偽軍 1.5 萬餘人在坦克和飛機支持下，對海南島抗日根據地和游擊區進行了反覆「掃蕩」。

12 月 24 日

〔1〕滇西南累河畔日軍與中國軍隊對戰。

〔2〕盧森堡宣佈放棄在華特權。

12 月 28 日

〔1〕蔣介石以密電告羅斯福，反攻全緬事中國應用之軍隊皆已就緒，惟英國不能踐其諾言。

12 月 31 日

〔1〕國民政府明令發表，表彰忠勇抗戰殉職將領 38 人，入祀忠烈祠。

第八章 1943年：鄂西會戰 常德會戰 反攻緬北

1943年1月 我軍收復豫皖邊固始、立煌

1月2日

〔1〕蔣介石接羅斯福電，英海軍參加全緬反攻案，待卡薩布蘭卡會議時與邱吉爾會商。

1月5日

〔1〕毛澤東、中共中央先後發出準備在最嚴重形勢下堅持華中敵後鬥爭的指示。

1月7日

〔1〕我軍克河南南部固始。

1月8日

〔1〕我軍收復安徽省臨時省會立煌縣，官兵駐足立煌街頭，看到的是滿目瘡痍，到處是殘垣斷壁，屍骨遍地，更有甚者，日軍把城中「慶祝元旦」的標語改成了「慶祝完蛋」。面對此情此景，在場的人皆泣不成聲。

〔2〕蔣介石再電羅斯福，堅持必須英海軍夾攻南緬。

1月9日

〔1〕江精衛南京僞政府宣佈對英、美宣戰，發表《共同作戰聯合宣言》並與日本政府簽訂《關於交還租界及撤廢治外法權之協定》。

1月11日

〔1〕中美、中英分別簽訂《關於取消美國在華治外法權及處理有關問題之條約與換文》和《關於取消英國在華治外法權及有關特權條約與換文》。

〔2〕國民政府外交部照會英國，聲明中國保有收回九龍之權。

〔3〕羅斯福總統與丘吉爾首相在摩洛哥卡薩布蘭卡舉行會議，議程之一是討論打破日本對中國封鎖需要採取的軍事行動問題，制定了「安納吉姆」計劃（即收復緬甸的作戰計劃）。至2月6日蔣介石批准了「安納吉姆」作戰計劃。

1月12日

〔1〕國民政府行政院決議准邵力子辭駐蘇大使職，派傅秉常爲駐蘇聯大使。

1月16日

〔1〕國民黨公佈建黨50年以來外交奮鬥史。

1月18日

〔1〕山東新編第四師師長吳化文，副師長于懷農，山東保安司令部參謀長于春霖，蘇北遊擊縱隊一支隊司令呂其賡率部投日。山東僞軍達18萬人。

1月25日

〔1〕中共中央發出關於慶祝中美、中英間廢除不平等條約的決定。

〔2〕八路軍進一步貫徹「敵進我進」方針，恢復和擴大抗日根據地。

1月31日

〔1〕蔣介石撰成《中國之命運》一書。

1943年2月 滇西日軍分路進犯怒江

2月4日

〔1〕國民政府批准《中美新約》。

2月5日

〔1〕重慶7萬人舉行大遊行，熱烈慶祝平等新約的簽訂。

〔2〕羅斯福代表空軍總司令安諾德和邱吉爾代表狄爾元帥自北非抵重慶，拜見蔣介石，報告卡薩布蘭卡會議詳情，並對實施反攻緬甸計劃及加強中國戰區空軍等有所商討。

2月7日

〔1〕何應欽偕美、英代表飛赴印度。

2月8日

〔1〕美國第十航空隊大舉轟炸仰光日軍。

2月12日

〔1〕滇西日軍分路進犯怒江。

2月14日

〔1〕騰沖日軍7千餘人分路北犯。

2月15日

〔1〕江北潛山、河洋日軍2萬餘渡過長江，直入洞庭湖北，連陷華容、石首、安鄉、澧縣、津市、漢壽、新洲。同時，江陵日軍也渡過長江，進陷太平、公安、松滋、枝江、五峰、長陽，日軍前鋒直達湖北石牌要塞及漁洋關。

2月16日

〔1〕日艦5艘載海軍陸戰隊約4000人和日軍第四十八師團的1個步兵聯隊在廣州灣、雷州半島登陸。

2月17日

〔1〕騰沖北犯日軍於中國遠征軍激戰於馬面關。

〔2〕宋美齡應邀出訪美國抵華盛頓，羅斯福夫婦親至車站歡迎。

〔3〕日僞軍開始對蘇北鹽（城）阜（寧）抗日根據地進行全面「掃蕩」，蘇北軍民展開全面反擊。

〔4〕陝甘寧邊區及各解放區，積極開展大生產及擁政愛民、擁軍優屬運動。

2月19日

〔1〕滇西日軍強渡怒江被中國遠征軍擊退。

〔2〕美國租借法執行處設中國局。

2月21日

〔1〕日軍佔領廣州灣。

2月23日

〔1〕湖北沔陽、峰口、通海口等地失陷。

2月24日

〔1〕國民政府外交部照會法國維希政府，抗議縱容日軍進佔廣州灣，聲明廣州灣租借條約失效。

2月26日

〔1〕中國國民政府外交部長宋子文會晤羅斯福，討論亞洲戰局。

〔2〕蔣介石以中國戰區最高統帥名義號召泰國軍民奮起抗日，自救救世。

1943年3月　鄂中渡江日軍全線崩潰

3月8日

〔1〕重慶婦女界紀念「三八」婦女節，獻金100餘萬元。

3月10日

〔1〕蔣介石所著《中國之命運》一書出版。延安《解放日報》對該書進行批判和揭露。

〔2〕美國駐華空軍特遣隊，擴編爲美國第十四航空隊，仍由陳納德將軍

指揮。

3 月 11 日

〔1〕八路軍第一一五師與山東軍區合併，成立新的山東軍區，下轄魯南、魯中、膠東、清河、冀魯邊、濱海等 6 個二級軍區。

3 月 13 日

〔1〕日本首相東條英機訪問南京，與汪僞會談「戰時合作」。日本銀行對僞中國聯合準備銀行提供 2 億日元貸款。

3 月 14 日

〔1〕鄂中渡江之日軍，全線崩潰，向北回竄。

3 月 15 日

〔1〕國民政府外交部長宋子文與英國外相艾登在華盛頓會談。

3 月 16 日

〔1〕中共中央華中局和新四軍軍部向蘇中、蘇南和浙東軍民下達開展反「清鄉」鬥爭的指示。

3 月 17 日

〔1〕國民政府特派駐美大使魏道明爲互換中美條約批准約本全權代表。

3 月 19 日

〔1〕國民政府國防最高委員會決議：英國如交還香港，我可自動宣佈香港及九龍等爲自由港，但不能以此作爲交還香港條件。

3 月 20 日

〔1〕中共中央政治局會議通過《中央關於中央機構調整及精簡的決定》。決定由毛澤東、劉少奇、任弼時組成中央書記處，推選毛澤東爲中央政治局和書記處主席。並規定書記處討論問題時，主席有最後決定權。增補劉少奇爲中央軍委副主席。決定成立宣傳和組織委員會作爲中央的助理工作機關。中央宣傳委員會由毛澤東、王稼祥、秦邦憲、凱豐組成，胡喬木任秘書；中央組織委員會由劉少奇、任弼時、王稼祥、陳雲、張聞天、鄧發、楊尚昆（兼

秘書）組成。會議還決定由毛澤東兼中央黨校校長，彭眞任副校長。

〔2〕中國駐印軍孫立人新編第三十八師一一四團，在卡拉卡、唐家卡救援被日軍襲擊的英印軍 1000 人，並接替該線防務。隨後，由利多東南方進入緬甸北部、中印緬邊境人煙稀少地形複雜的野人山，擔任掩護修築中印公路任務。中旬，中國駐印軍在蘭姆伽整訓大體完成。新三十八師、新二十二師編入新一軍序列，鄭洞國任軍長。

3 月 23 日

〔1〕宜昌日軍四路西犯。

3 月 29 日

〔2〕國民黨之三民主義青年團第一次全國代表大會在重慶開幕，代表 400餘人，會期兩周。

1943 年 4 月　暫編五軍軍長孫殿英率部投敵

4 月 1 日

〔1〕國民政府在廣西全州的香山寺爲戴安瀾舉行了國葬儀式。由國民政府特派代表李濟深主祭。

〔2〕在美國的軍事支持下，中國在雲南昆明的訓練中心正式開訓，執行整訓和裝備 30 個中國陸軍師的計劃。

〔3〕華中日僞軍 1.5 萬餘人，開始對蘇中地區進行「清鄉」。蘇中、蘇南和浙東抗日根據地軍民相繼展開反「清鄉」鬥爭。

〔4〕贛境空戰，美第十四航空隊擊落日機 7 架。

〔5〕日本首相東條英機訪問僞滿洲國。

4 月 3 日

〔1〕中共中央《關於繼續開展整風運動的決定》。決定在整頓黨風的同時，進行一次普遍審查幹部運動。延安市戶口重新登記。

4 月 9 日

〔1〕湘西日軍侵佔華容。

4 月 10 日

〔1〕延安審幹運動在各機關、學校普遍展開。

〔2〕新疆迪化（今烏魯木齊市）蘇聯領事通知盛世才，撤退駐哈密之蘇聯紅軍第八團及蘇聯在新疆錫礦考察團。

〔3〕蔣介石要求羅斯福任命陳納德指揮美在中緬之地面部隊和空軍，免去史迪威職務。

4 月 19 日

〔1〕日偽軍 1.2 萬餘人，對晉察冀邊區北嶽區進行「輾轉掃蕩」。根據地軍民廣泛開展游擊戰打擊敵人。

4 月 22 日

〔1〕日偽軍共 2 萬餘人，對山東清河地區進行三次合圍，在根據地軍民的打擊下，日偽軍於月底向膠東鐵路沿線撤退。

〔2〕國民政府外交部長宋子文訪問加拿大，商討中加關係。

4 月 23 日

〔1〕日軍 2 萬餘進攻太（行山）南地區，攻佔林縣、臨淇。

4 月 24 日

〔1〕第二十四集團軍暫編五軍軍長孫殿英豫北率部投降日軍。

4 月 27 日

〔1〕中國與巴西使節互升為大使。

1943 年 5 月　鄂西會戰日軍攻擊石牌要塞

5 月 1 日

〔1〕宋美齡抵華盛頓訪美。於 3 日與羅斯福就反攻緬甸及加強中國戰區空軍與中印空運等問題，進行會談。

〔2〕美國派遣海軍情報部部長梅樂斯來華，與軍統戴笠合作，在重慶建立「中美特務技術合作所」（簡稱「中美合作所」）成立，戴笠為主任，梅樂斯為副主任。隨後在各地設立各種訓練班，訓練與裝備特務、警察。

5月2日

〔1〕湘境空戰，盟軍飛機擊落日機 6 架。

5月5日

〔1〕日軍發動鄂西攻勢欲叩開進入重慶的門戶，並佔有兩湖糧倉。在第十一軍司令官橫山勇指揮下，調集七個師團於白螺磯、華容、藕池口、彌陀寺、紙漿、宜昌等地；同時，在漢口、當陽集結百架飛機。我第六戰區亦準備迎戰。今日，第三十四師團向洞庭湖北岸進攻，我彭位仁第七十三軍按預定計劃逐次抵抗。鄂西會戰開始，至 6 月 7 日結束。

5月6日

〔1〕日偽軍 2 萬餘人「掃蕩」太行抗日根據地。

〔2〕國民政府外交部向蘇聯駐華大使潘友新致送備忘錄，對蘇聯政府準備將中蘇共管之迪化（今烏魯木齊）飛機製造廠及獨山子油礦一切設備與技工撤回蘇聯一事，表示詫異。

5月7日

〔1〕「中國古巴新約」互換批准書。

5月9日

〔1〕連日來，日軍攻擊南縣、安鄉、津市、彌陀市、新江口。

〔2〕美國第十四航空隊空襲廣州，擊落日機 21 架。

5月13日

〔1〕敵第十三師團主力由洋溪、枝江間渡過長江。激戰後周翔初第八十七軍西移，湖北公安縣失陷。我牟庭芳第九十四軍、朱鼎卿第八十六軍將敵阻於宜都茶園寺附近。

5月14日

〔1〕河北省政府主席、冀察戰區副司令兼第二十四集團軍總司令龐炳勳被孫殿英裹脅在豫北通電叛國投敵。投敵之將官還有暫五軍副軍長楊世賢、暫三師師長楊克友、暫四師師長王廷英、第四挺進縱隊司令侯如庸等。

5 月 15 日

〔1〕敵我在松茲、宜都一帶激戰，枝江失守。

〔2〕滇境空戰，美機擊落日機 15 架。

5 月 16 日

〔1〕敵軍在宜昌西岸、宜都古老背大量增兵，準備攻擊江防軍。石牌要塞已經做好應敵準備。王甲本第七十九軍、王耀武第七十四軍由湖南石門急調鄂西。第九十四軍、第八十六軍在清江以南與敵周旋。

5 月 18 日

〔1〕南京汪偽政府與法國維希政府簽訂歸還在華法租界協定。

5 月 19 日

〔1〕國民政府外交部嚴重抗議法國維希政府違背國際公法，將各地法租界交予汪偽，聲明法方在華一切特權歸於消滅。

〔2〕中日鄂西會戰第三階段在清江、石牌作戰。當日淩晨，日軍第十三師團及獨立混成第十七旅團首先發起進攻，並接連突破中國守軍陣地。同日，中國第三戰區司令長官陳誠返回恩施長官駐地，開始指揮作戰。

5 月 22 日

〔1〕莫斯科共產國際執行委員會決議爲適應反法西斯戰爭的發展，並考慮各國鬥爭情況的複雜，需要各國共產黨獨立地處理面臨的問題，提議宣佈解散共產國際（即第三國際）。中共中央表示完全同意共產國際的提議。

〔2〕中日鄂西會戰激烈進行中。當日，日軍野溝支隊及汪精衛偽軍第二十九師協同攻佔宜都。日軍第三十九師團從雲池、野地支隊從宜昌分別西渡長江。

5 月 23 日

〔1〕鄂西日軍猛犯石牌要塞。連日雙方在王家阪、紅花套、漁陽關、仙人橋一帶激戰。

5 月 24 日

〔1〕敵集中第三師團、第三十九師團主力向徜徉猛攻。我第八十六軍右

翼被突破，長陽失陷，推移到鳳凰山一線。宋肯堂第三十二軍一部到達津洋口支持前線。

5 月 26 日

〔1〕宜昌西岸之敵攻擊方天第十八軍十八師，十八師則給以迎頭痛擊。突入偏岩、津洋口之敵，經兩面夾攻，損失慘重。

〔2〕中共中央發表《關於共產國際執委主席團提出解散共產國際的決定》。

5 月 29 日

〔1〕鄂西日軍連日西犯，均被殲滅，由五峰、資邱出擊之敵攻勢頓挫。加之我空軍不斷對敵轟炸，增援困難。同時，我第八十七軍一一八師攻克漁洋關，敵後方被截斷，已陷入包圍之中。

5 月 30 日

〔1〕今日，湖北石牌守軍全面反攻。敵人已於此時集中火炮、飛機向我石牌要塞強攻，一部向木橋溪迂迴包抄。防守要塞的為我第十一師，沉著應戰，敵軍死傷嚴重。迂迴敵軍亦被我三十二軍阻止。

5 月 31 日

〔1〕中美空軍在宜昌聯合作戰，擊落日機 6 架。各路敵軍傷亡慘重，全線動搖。我軍開始進擊反攻。

1943 年 6 月　鄂西我軍攻克磨市宜都日軍逃竄

6 月 2 日

〔1〕中、美空軍飛宜昌、宜都一帶，猛烈射擊敗退之日軍。東渡之敵第三、第三十九、第五十八師團殘兵敗將大部葬身魚腹。

6 月 3 日

〔1〕我江防軍進展順利，已經恢復原態勢。先後收復安鄉、新安、王家廠等地。日軍第四十師團千餘人、偽軍三千人向石首、藕池口、公安逃竄。

6月4日

〔1〕日偽軍萬餘人開始「掃蕩」山東抗日根據地濱海區。

6月5日

〔1〕鄂西我軍攻克磨市。三日來，磨市殘敵與宜都殘敵會合，冒險向我第七十九軍正面突圍。因一九四師後續部隊未趕到，借飛機掩護，並施放毒氣，使敵逃走。

6月8日

〔1〕敵三千人在飛機掩護下在宜都策劃突圍。在松滋等地與我第七十四軍激戰三晝夜。三日來，第一二一師及一八五師收復宜都、長陽、枝江及黃梅，暫六師收復松滋，一九四師收復新江口、米積臺、陡湖堤。對困守在華容、石首、藕池口、彌陀市之敵形成包圍。至此鄂西會戰恢復原有態勢。

6月15日

〔1〕國民政府明令免河北省政府主席龐炳勳職，以馬法五代理。

6月16日

〔1〕國民黨李仙洲部第九十二軍向冀魯豫共產黨抗日根據地的山東湖西地區發起進攻。

6月18日

〔1〕胡宗南在洛川召開軍事會議，調動部隊準備進攻陝甘寧邊區，掀起第三次反共高潮。

6月24日

〔1〕宋美齡由紐約抵華盛頓，三度訪問白宮，向羅斯福夫婦辭行，並就戰後遠東和平與善後處理諸問題，與羅詳加商討。

6月25日

〔1〕新四軍攻克雲夢城。

6月27日

〔1〕國民政府教育部決定分五年派遣700學生赴美，300學生赴英。

6月28日

〔1〕周恩來由渝返回延安，參加中共七大籌備工作和整風學習。

6月29日

〔1〕中國駐印軍總指揮部成立，史迪威任總指揮，羅卓英任副總指揮。進入印度的中國遠征軍一部改稱中國駐印軍。

〔2〕八路軍第一二○師第三五八旅主力奉命到葫蘆河地區集結，準備對付國民黨軍進犯邊區。冀東部隊發起第二次恢復冀東根據地基本區的作戰。

1943年7月　美機轟炸香港、九龍日軍

7月4日

〔1〕朱德連續致電蔣介石、胡宗南，要求制止進攻邊區。

7月6日

〔1〕國民黨禁止《新華日報》發表中共中央紀念抗戰六週年的「七七宣言」，是夜派軍隊將報館包圍。

7月7日

〔1〕日本共產黨中央代表團岡野進發表《告日本士兵書》，號召打倒日本帝國主義，建立日本人民政府。

7月8日

〔1〕蔣介石覆電羅斯福，同意7月4日來電關於會晤的建議，並提出會晤時間以9月後最為適宜。

7月15日

〔1〕康生作《搶救失足者》的報告，掀起了所謂「搶救運動」，大搞「逼、供、信」，一度發生了反特擴大化的嚴重錯誤。

7月16日

〔1〕周恩來一行150餘人由重慶抵延安。

7 月 17 日

〔1〕國民政府外交部宣佈：中國、挪威使節升格為大使，大使館駐英國倫敦（挪威流亡政府設英國倫敦）。

7 月 21 日

〔1〕日軍在八路軍第一二○師等抗日武裝的襲擾下，被迫撤出在晉西北八分區腹地的兩個據點──岔口和芝蘭。

7 月 23 日

〔1〕國民政府外交部宣佈：中國墨西哥使節升格為大使。

〔2〕湘境空戰，美機擊落日機 16 架。

7 月 24 日

〔1〕湘桂空戰，美機擊落日機 13 架。

7 月 28 日

〔1〕美機續炸香港、九龍之日軍。

〔2〕冀北八路軍挺進熱河，冀熱邊區行署成立

7 月 30 日，

〔1〕八路軍冀魯豫軍區部隊集中近 5 個團的兵力，在地方武裝配合下，發起衛（河）南戰役，經 20 天的戰鬥，殲滅日偽軍杜淑部 5000 餘人，完全收復了衛南一帶日偽佔領的地區。至 8 月 19 日勝利結束。

〔2〕蘇中軍民在敵偽「清鄉」區內開始大破襲戰。

1943 年 8 月　日軍偷渡怒江被擊退

8 月 1 日

〔1〕國民政府主席林森於 19 時 4 分病逝於重慶，享年 75 歲。

〔2〕國民政府宣告：與法國維希政府斷絕外交關係。

8 月 13 日

〔1〕滇西惠通橋對岸日軍偷渡怒江，為中國軍隊擊退。

8月14日

〔1〕新四軍在淮海區，利用「青紗帳」期發起攻勢。

8月15日

〔1〕中共中央通過《關於審查幹部的決定》，總結歷史上肅反擴大化的教訓。強調必須實事求是，反對『逼、供、信』的主觀主義的錯誤方針。

8月18日

〔1〕八路軍太行和冀南軍區部隊，發起林（縣）南戰役，至 26 日勝利結束。

〔2〕八路軍山東清河區自 5 月下旬開始的夏季反「蠶食」鬥爭，8 月底勝利結束。

8月19日

〔1〕國民政府與巴西簽訂友好條約。

8月21日

〔1〕美機空襲漢口，擊毀日機 35 架。

8月22日

〔1〕國民政府外交部長參加加拿大的魁北克會議（代號為「四分儀」會議）。

8月23日

〔1〕中國共產黨發表《國共兩黨抗戰成績的比較》和《共產黨抗擊的全部偽軍概況》兩個文件。

8月26日

〔1〕美機空襲廣州、香港，擊落日機 10 架。

8月31日

〔1〕日軍在三都澳登陸。

1943年9月　晉察冀軍區廣泛開展游擊戰

9月2日

〔1〕中國 國民政府接受英國援華會款12.5萬磅。

9月5日

〔1〕史迪威以中國戰區參謀長名義署銜向蔣介石建議補足 30 個師數，速予調赴雲南參加訓練，並改善遠征軍給養與後勤工作。此後，又提出整編中國全國軍隊計劃和擴大對遠征軍的指揮權限。蔣介石和史迪威之間矛盾加深。

9月6日

〔1〕國民黨五屆十一中全會在重慶開幕，13 日結束，選孫科、居正、戴傳賢、于右任、孔祥熙、葉楚傖、單振、朱家驊、劉尚清爲國民黨政府委員；通過蔣介石爲總裁兼行政院長，蔣介石在 13 日的閉幕會上作關於反共問題的指示，聲稱「中共問題是一個純粹的政治問題，因此應該以政治方法來解決」。全會並決議『對共黨仍本寬容政策』。

9月8日

〔1〕意大利宣佈投降。

9月16日

〔1〕史迪威向蔣介石建議調動國共兩黨的軍隊共同進攻日軍，並要蔣介石把美援助的武器，撥一些給共產黨。

〔2〕日僞軍 4 萬餘人對北嶽區抗日根據地進行長達 3 個月的「毀滅性掃蕩」。晉察冀軍區軍民廣泛開展破擊戰、游擊戰，取得秋季反「掃蕩」作戰的勝利。

9月18日

〔1〕國民參政會三屆二次會議在重慶舉行，27 日結束。何應欽在會上作軍事報告，污蔑共產黨破壞「政令、軍令之統一」。中共參政員董必武駁斥了何應欽的誹謗，並宣佈退場。

9月20日

〔1〕昆明空戰，美機擊落日機 12 架。

9月21日

〔1〕冀魯豫邊抗日根據地軍民展開反「掃蕩」作戰。

9月25日

〔1〕日軍侵華第一線空軍兵團長中薗盛孝中將、參謀宮澤太郎中校、高田增實少校等在廣東番禺墜機身亡。

9月27日

〔1〕新疆軍閥盛世才秘密殺害陳譚秋、毛澤民、林基路等共產黨人。

〔2〕國民黨查封八路軍重慶辦事處電臺。

9月28日

〔1〕昨日，日本大本營以「大陸令第 853 號」下達命令，准予進行常德作戰。28 日，派遣軍總司令部下達命令：第十一軍於 11 月上旬發起此次作戰，進攻常德及附近，摧毀敵人的戰力。中國軍事委員會判斷日寇此次進攻目的後，制定了「以誘敵殲滅之目的，將敵人主力引到澧水及沅水兩岸後，正面抵抗，再以外翼攻擊，然後把敵人消滅在洞庭湖畔」的戰略方針。

9月30日

〔1〕日本御前會議通過《今後應採取的戰爭指導大綱》。

1943 年 10 月　駐印遠征軍向日軍發動攻勢

10月1日

〔1〕《解放日報》發表《中共中央政治局關於減租生產擁政愛民及宣傳十大政策的指示》。

〔2〕太岳區抗日根據地軍民，針對日偽軍多梯隊反覆「清剿」的新戰法，廣泛開展群眾性的游擊戰爭，取得重大勝利。

〔3〕滇緬邊界的騰沖、龍陵、拖角和落空一萬多名日軍，分 6 路先後攻擊騰北地區。遠征軍與日軍激戰至 18 日，騰北駐軍主力東渡怒江，與日軍隔

河對峙，仍留一部在高黎貢山一帶繼續游擊該區之敵。

10 月 9 日

〔1〕國民政府外交部長宋子文自美飛抵新德里，與東南亞盟軍總司令蒙巴頓、駐中印緬美軍總司令史迪威、美陸軍後方勤務部長索姆威爾舉行會談。

10 月 10 日

〔1〕蔣介石就任國民政府主席。

〔2〕史迪威令中國駐印軍向大龍河西岸敵據點進攻，隨軍派出工兵部隊，修築中印公路。

〔3〕中共中央決定黨的高級幹部重新學習和研究黨的歷史和路線是非問題。整風運動進入總結提高階段。

10 月 15 日

〔1〕八路軍山東軍區向各戰略區發出反「掃蕩」部署的指示。

10 月 16 日

〔1〕蒙巴頓、索姆威爾由印度抵重慶。

10 月 18 日

〔1〕蔣介石與蒙巴頓會談。次日，蔣與蒙巴頓、史迪威、陳納德、索姆威爾及何應欽等繼續會談，擬定對日作戰計劃問題。其間，蔣介石通過索姆威爾告知蒙巴頓，要求撤換史迪威，因蒙巴頓不同意而作罷。

10 月 19 日

〔1〕蔣介石在重慶主持召開反攻緬甸作戰計劃會議。

10 月 20 日

〔1〕中國、比利時、盧森堡平等新約在重慶簽字。

10 月 24 日

〔1〕八路軍太嶽軍區部隊在秋季反「掃蕩」中，於韓略村伏擊殲滅日軍戰地參觀團軍官 120 餘人。

10 月 23 日

〔1〕太岳區八路軍第一二九師在臨（汾）屯（留）公路的韓略村伏擊日軍「軍官觀戰團」120 多人，除 3 人逃脫外，全部被殲滅。

10 月 24 日

〔1〕駐印軍新編第一軍新三十八師一一二團由唐家卡、卡拉卡向胡岡谷地推進。戰至 12 月 29 日，擊潰日軍第十八師團（欠 1 個聯隊）一部的抗擊，相繼攻佔欣貝延、於幫等地。月末，駐印軍以新編第二十二師爲右縱隊由欣貝延向達羅進攻。

遠征軍第一臨時坦克集群的 M4A4 坦克

中國遠征軍用重機槍向日軍射擊

10月26日

〔1〕中國駐印度遠征軍爲掩護修築雷鄉公路，打通印、緬、中交通，對緬北日軍發動攻勢。

10月30日

〔1〕日本與汪僞政府簽訂《同盟條約》。

1943年11月 常德會戰日寇發動大規模進攻

11月1日

〔1〕中國遠征軍由印度進入緬北，掩護修築雷鄉公路。

〔2〕常德會戰開始。日軍企圖佔領湘北重鎮常德，以掠奪洞庭湖全部資源。第十集團軍長江南岸第一線前哨部隊第九十八師首當其衝，戰況激烈。正面敵軍番號經判明爲第三、十三、三十九、六十八師團的一部份及獨立第十七旅團。番號之多，頗出軍委會與第六戰區的預料。

〔3〕新四軍第十六旅積極打擊敵僞軍，開闢了郎（溪）廣（德）等廣大敵後根據地。

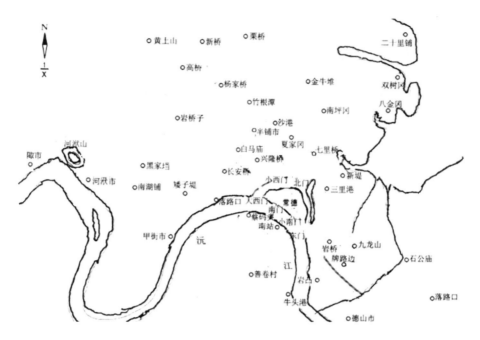

常德會戰周邊示意地圖

11月2日

〔1〕駐武漢日軍第十一軍司令官橫山勇親至沙市指揮常德會戰，以第一一六師團全部進攻常德，第三師團犯桃源，第六十八師團犯德山，第四十師團犯漢壽，以爲策應。日軍第十一軍從長江南岸的宛市、彌陀寺、藕池口、石首、華容一線，以第三十九、第十三、第三、第一一六、第六十八師團向中國第十、第二十九集團軍陣地發起進攻。中國守軍第一線部隊（第六十六軍一八五師、第七十九軍暫六師、九十八師、第四十四軍一五〇師、第一六二師）奮起迎擊。我軍第一九四師與向暖水街急進的第十三師團接戰。

〔2〕第四十四軍一五〇師許國璋師長率部死據陬市，寸土必爭。日軍第一一六師團即將突破陣地，許師長乃親率四五〇團殘部上前衝殺，身受重傷昏迷，被警衛抬上渡船後送。醒來時見到自己已經渡過沅江，部隊大部潰散，遂奪佩槍自盡，左右救之不及。王纘緒總司令聞耗，電調第一六二師副師長趙璧光代理，率一五〇師殘部與第一六一師一道撤過沅江右岸整理。

常德會戰中在瓦礫中堅持戰鬥的中國士兵

11 月 3 口

〔1〕第四十四軍南縣陣地也遭第一一六師團主力衝擊。第四十四軍據河堤抵抗，日軍則組成強大火網掩護渡河，第一六二師及第一五〇師均被擊退。敵第四十師團（一部協攻）爲第六十八師團開道，經南縣向三仙口進攻，第六十八師團則迂迴進攻安鄉，第四十四軍主動撤出。日軍陷湖南南縣並進佔湖北公安縣。

11 月 4 日

〔1〕中美空軍混合大隊成立，由陳納德指揮。

〔2〕今日晚間第九戰區第七十四軍開往桃源，作爲第十集團軍之後衛。同時該軍已在常德附近構築工事的第五十七師立即進入常德佔領陣地。江防軍派出第十三師向津洋口集結，待命策應第十集團軍。第十八軍在江防陣地中向前推進，待命馳援。第二十六集團軍與三十三集團軍則準備機動策應此方向攻勢。

11月5日

〔1〕中、美空軍混合大隊成立，陳納德兼任隊長。

〔2〕同日，英國魏亞特中將爲英駐中國戰區統帥部之特任軍事代表。

11月7日

〔1〕第七十九軍暫六師已因傷亡慘重而撤退，王敬久總司令電令前線各部奮勇逆襲，恢復陣地，均未奏功，戰況危急。暫六師在街河市與敵激戰四日後，退入第十集團軍主陣地的中樞——暖水街。第七十九軍的第九十八師與第一九四師努力抗擊當面之敵，第一九九師則於暖水街側翼機動邀擊日軍。第七十九軍已形成以暖水街爲核心的防禦態勢。

11月8日

〔1〕美第十四航空隊空襲廈門，擊沉日艦5艘。

11月10日

〔1〕《中挪新約》在重慶簽字，挪威放棄在華特權。

11月12日

〔1〕常德會戰日軍在纏鬥逾一周之後，仍蝟集於第十集團軍當面。橫山勇見王家廠、暖水街一線膠持日久，決心改變主攻方向，將主力調往新安，石門一線，衝擊第二十九集團軍正面，企圖突破第一線防線。

11月13日

〔1〕中日常德會戰激烈進行中。當日，日軍第十一軍開始進行第二期作戰，日軍第十三師團、第三師團及佐佐木支隊先後開始行動。中國第二十九集團軍第七十三軍陣地遭到日軍猛攻，經過苦戰，第十五師、第七十七師和暫五師陣地均被突破。第七十三軍軍長汪之斌率部撤到石門，次日，開始渡過澧水撤出石門。第七十三軍在涉水突圍時遭到日軍截擊，斷後部隊，大部犧牲。軍部退往慈利，收容部隊。

11月15日

〔1〕湘西日軍陷石門、澧縣。暫編第五師最後撤出石門，日軍已在澧水對岸嚴陣以待。暫五師在渡河時立遭圍攻，師部被截擊，部隊大亂。彭士量

師長親自指揮殘部，奮力衝突，在南岩門口被敵機掃射擊中，壯烈殉職。暫五師在撤退中傷亡殆盡。

〔2〕中國遠征軍進攻於邦，緬北會戰開始。

〔3〕山東軍區部隊對偽軍發動攻勢作戰，有力地策應了魯中和清河地區軍民的反「掃蕩」。

11 月 18 日

〔1〕日軍第三師團加上一個旅團衝擊第一五〇師。該師在臨澧逐巷血戰，傷亡慘重。而與第三師團齊頭並進的第十三師團則繞過第四十四軍徑攻慈利，第七十三軍戰力薄弱，無能為力，只有棄城而去。

〔2〕日寇第六十八師團戶田部隊所屬先頭部隊 500 多人，利用汽艇向徐家湖進犯。五十七師第一六九團第三營警戒哨兩個排，轉戰 30 多里，擊斃日寇 200 多人，打響了常德成郊保衛戰的第一槍。

〔3〕國民政府參加開羅會議之人員一行 20 人：蔣介石、宋美齡、王寵惠、商震、林蔚、周至柔、楊宣誠、俞濟時、朱世明、蔡文治、董顯光、郭斌佳、陳希曾、黃仁霖、陳平階、俞國華、左維明（醫生）、陳純廉（宋美齡秘書）、陳納德、劉敬宜，分兩批啟程。第一批由重慶白市驛機場出發。蔣介石在第二批，次日出發。

11 月 20 日

〔1〕日寇第一一六師團先頭部隊第一二〇聯隊，加上獨立山炮兵第二聯隊配合，向常德市郊河伏進攻。河伏守軍係第七十四軍五十七師第一七一團第 2 營，共 500 多人。日寇步兵 500 多人，騎兵百餘人，在三架飛機掩護下，與守軍打了一天一夜，日寇一共發動 7 次進攻，不僅損兵折將，而且毫無進展

11 月 21 日

〔1〕湖北恩施空戰，中國空軍擊落日機 2 架。

〔2〕日寇第六十八師團戶田部隊四千多人，分兩路進犯德山，守軍原為臨時配屬五十七師指揮的第六十三師一八八團，團長在日寇進犯的時候擅自決定撤退，這樣守軍僅為五十七師一六九團三營八連和一八八團餘部。日寇集結於十倍守軍兵力，發動多次進攻，經反覆爭奪，終因眾寡懸殊，次日德

山失手，守軍除 100 餘人突圍外，其餘全部壯烈犧牲。德山失守後，使常德城守軍失去犄角之力和退路，給守城戰帶來極大困難。此時日軍第三師團及第 一一六師團已經開到桃源，第十三師團到慈利；第六十八師團則於 22 日攻陷漢壽。主攻的四個師團已就包圍常德定位，前鋒並與常德守軍接戰。

11 月 22 日

〔1〕當日，日軍的第一一六師團、第六十八師團、第三師團等部隊已經攻至常德外圍。常德戰場攻防戰，日寇增至三千餘人，集中大小炮十多門，對守軍工事連續轟炸，緊接著採取整排整連波浪式密集衝鋒的戰術，對我陣地進行猛攻。守軍官兵與日寇血拼肉搏，反覆爭奪，傷亡近三分之二。

中國援軍向常德推進

〔2〕中、美、英三國政府首腦在開羅舉行會議，至 26 日結束，作出了在緬甸發動對日作戰的決定，並共同簽署《中美英三國開羅宣言》，簡稱《開羅宣言》。開羅會議制定了三國共同打擊日本的戰略問題，同時明確了戰後應將日本霸佔中國的領土全部歸還中國，並決心使朝鮮獲得自由和獨立。開羅會議極大地提升了中國的國際地位，中國事務在會上居於首位。

〔3〕廣東人民抗日游擊總隊粉碎日僞軍的大規模「掃蕩」。

11 月 23 日

〔1〕日寇繼續在常德發動大規模進攻，配合作戰飛機已達 12 架，上午
10 時許，河伏失陷。守軍第二營營長袁自強殉國，全營 500 多守軍陣亡，僅
有少數幾人僥倖逃出，但日寇也在此陳屍上千。攻下河伏的日寇第一一六師
團步兵第一二○聯隊加上步兵第一三三聯隊等，共計一萬五千多人，用大小
炮幾十門，開始向西郊全線攻擊，逐步向大西門延伸推進。守軍第一七○團
第一營與日寇展開拉鋸戰，陣地多次易手，第一營排以上軍官全部犧牲，很
多重傷失去戰鬥力的官兵，都用刺刀或步槍自殺成仁。日軍第一一六師團以
第一○九聯隊、第一一二聯隊分兩路向常德市區發起進攻，但遭到中國守軍
第七十四軍五十七師部隊頑強阻擊。當日晚，日軍第一○九聯隊聯隊長布上
照一大佐及其作戰參謀被中國第一七○團擊斃。當日晚，日軍第十一軍調整
作戰部署，由第一一六師團單獨進攻常德的原計劃改爲增加第三師團一個大
隊、第六十八師團一個聯隊配合攻擊。

11 月 24 日

〔1〕日寇各軍種形成了包圍常德城郊之勢，在飛機配合下，與第七十四
軍五十七師展開激戰。常德守軍余程萬第五十七師已經被日軍全部包圍。同
日，中國軍事委員會認爲反擊決戰時機已到，向第六、第九戰區發出訓令，
要求「協力包圍敵軍於沅江江畔而殲滅之」。

11 月 25 日

〔1〕日軍第一一六師團第一○九聯隊在上午就提前發起攻擊，遭到中國
守軍第五十七師部隊痛擊，其第三大隊大隊長島村長平被擊斃。同日，日軍
第三師團第六聯隊聯隊長中畑護一大佐在常德城南偵察途中，被中國空軍
P-40 戰鬥機掃射擊中頭頂，頓時斃命。入夜後，日軍已逼近西門、東門、北
門，守軍面臨極嚴峻形勢。五十七師師長余程萬命令外圍陣地各部隊全部退
入城內防守，以縮小正面。日寇一一六師團第一三三聯隊與駐守東門城郊的
一六九團第二營發生激戰，日寇傷亡慘重，當場擊斃日寇 500 餘名，生俘 7
人，擊落日機三架，使日寇攻城以來遭到了第一次較大的打擊。日寇 500 多
人，動用汽艇，民船 20 多艘，用炮火和四架飛機掩護，強渡沅江，五十七師

第一七一團第三營猛烈開火還擊，日寇船隻被打沉一半，餘下的退了回去。

〔2〕中、美空軍轟炸臺灣新竹日軍機場。第十四航空隊出動 B-25 轟炸機 12 架及戰鬥機 15 架，從中國桂林起飛，在江西遂川加油後轟炸了臺灣新竹日軍機場，炸毀日機 30 餘架。

11 月 26 日

〔1〕蔣介石偕宋美齡於是日下午在開羅向羅斯福話別，內容涉及 10 億美元借款案、90 個師裝備案及藏、蒙問題。

〔2〕守常德的第五十七師因戰斗大量減員，伙夫，勤雜兵，警察、無炮彈的炮兵都編入了戰鬥隊伍參與大西門守城戰。一七一團團長杜鼎，炮兵團長金定洲，率領大西門的守軍已不足 300 人。頂著炮火、毒氣，堅守的大西門始終巍然屹立。日寇步兵第一〇九聯隊到達東門外，參與進攻，同樣遭到慘敗。在這次戰鬥中，守軍共打退日寇 24 次進攻，斃，傷日寇一千多人。下午，守軍退守城後，據城垣一帶防守。城南外圍陣地多處失守，城外守軍撤退至上，下南門城樓，利用城樓及城牆堅固工事，繼續狙擊日寇。

〔3〕解圍部隊中國第十軍（轄第一九〇、第三和預十師）向常德方向發起解圍作戰，但遭到日軍的頑強阻截。

11 月 27 日

〔1〕東門的拉鋸戰達到高潮，六，七百名日寇向東門城垣發起了猛烈進攻，守軍拼死抵抗，169 團第 1 營副營長董慶霞和機槍連來汝謙連長帶一排人衝出戰壕，用手榴彈還擊，炸死日寇 100 多人，董副營長，來連長為國捐軀。守軍的無畏精神，令日寇膽寒，暫時停止了衝鋒。日寇參與進攻東門的軍隊先後達 1 萬人左右，卻沒有取得進展，不得不轉向攻擊大河街，下南門。拂曉，城南外圍陣地多處失守，城外守軍撤退至上，下南門城樓，利用城樓及城牆堅固工事，繼續狙擊日寇。

〔2〕日軍在 26、27 日的連續進攻中遭到慘重傷亡，第一二〇聯隊第三大隊大隊長葛野曠、第一三三聯隊第三大隊大隊長脅尾戰死，中國守軍第五十七師也受到嚴重傷亡。

11 月 28 日

〔1〕美、英、蘇三國政府首腦羅斯福。邱吉爾、斯大林在德黑蘭舉行會

議（至 12 月 1 月結束）。會議討論對日作戰中的一致行動和戰後和平等問題，作出戰勝德國希特勒的決策，通過消滅德國武裝力量的各項計劃，就軍事行動的規模和時間，締結了《德黑蘭總協定》。

〔2〕常德巷戰開始，五十七師剩餘官兵把各條街道的房屋打通，每條街道口處築好巷戰掩體，與日寇逐屋爭奪，使日寇進城後，付出慘重代價，仍然進展艱難。守城部隊只有 2440 人，到 11 月 30 日，則不超過 1800 人，到 12 月 2 日，城內守軍只剩下三，四百人。戰至 2 日晚，僅剩文廟與中央銀行兩個孤立據點，守軍不滿 200，師長也端著機槍上陣，援軍未到，已處於彈盡糧絕的最後時刻。

〔3〕國民政府下達「關於部署聯合美英反攻緬甸作戰計劃及訓令」，成立軍事委員會直接控制的遠征軍序列。這個序列包括以宋希廉爲首的第十一集團軍，副總司令爲黃杰，下轄第二、六、七十一軍，分別以王淩雲、黃杰（後爲史宏烈）、鍾彬爲軍長；以霍揆章爲首的第二十集團軍，副總司令爲方天，下轄五十三、五十四軍，分別以周福成、方天爲軍長，還有一個預備二師；遠征軍司令長官部直屬部隊包括何紹周第八軍、滇緬特別游擊隊兩個縱隊和一個步兵團，總共 16 萬餘人。

11 月 29 日

〔1〕中國常德守軍第五十七師拼死抗擊日軍，以手榴彈和刺刀與日軍展開逐屋爭奪戰。日軍進展甚微，日軍第十一軍司令官橫山勇竟下令「燒毀常德市街，迅速取得戰果」。第五十七師師長余程萬連續發出兩則求救電文，隨即嚴令各部堅守戰鬥崗位，與日寇血拼到底！各路援軍向常德開進，第六十六軍一八五師衝入石門，與日軍白刃拼殺，克復在望。第七十四軍五十一師繼向漆家河攻擊前進，與日軍反覆衝殺至五次。第一○○軍十九師則攻進河洑山日軍陣地，離常德不過十數里之遙。而當陽方面的第三十軍三十師則乘勝克復宜昌外圍要點宜都。在主要援軍第十軍全力進攻之際，第三師團主力被孫明瑾預十師衝退，山本三男師團長因此誤判預十師爲第十軍攻勢主力，於是立刻重整主力反撲，與預十師激戰。第十軍眞正主攻的德山方向第三師反而開了大門，第三師周慶祥師長抓緊機會，大膽鑽隙前進，第三師在一晝夜間，竟強行百餘華里，直逼德山。第九團團長張惠民上校親率官兵與敵肉搏，在十個小時之內完全攻克德山，與守城的第五十七師只一水之隔。

11 月 30 日

〔1〕上午，日寇又一次從正面向大西門發動猛烈攻擊，五十七師師長余程萬親率特務連督戰。到 12 月 2 日止，日寇始終無法攻下大西門。第九十八師向敏思部力克臨澧，日軍突圍。第十集團軍其它各部亦連克十餘據點，推進順利。第三十九師團連連失利，主力退守臨澧外圍陣地。日軍後路即將被截斷。第一〇〇軍前鋒部隊由第一五一團王奎昌團長率領，也已進逼常德外圍。

〔2〕解圍部隊方先覺第十軍爲增援常德守軍，向阻擊日軍發起猛攻，以預十師攻勢牽制當面之敵，以第三師從間隙中向德山急進。

1943 年 12 月　我軍追殲由常德撤退日軍

12 月 1 日

〔1〕美、英、中三國第一次開羅會議關於對日作戰目的的公報《開羅宣言》發表。

〔2〕常德城內巷戰依然異常激烈，中國守軍第五十七師付出重大傷亡的同時，給予日軍以極大殺傷，但核心陣地逐漸縮小。援軍第十軍第三師此時衝到常德南站，並派出一位聯絡參謀入城，通知余師長德山已經克復。余師長立派步兵指揮官周義里上校出城聯絡，但正逢日軍第三師團阻擊，無從建立聯繫。第十軍在增援常德的過程中遭到重大挫敗，向常德突進的第三師遭到日軍猛烈阻擊，而牽制正面日軍的預十師、第一九〇師也遭很大傷亡，第十軍第十預備師師長孫明瑾率全師參加戰鬥，今日在常德外圍趙家橋帶隊衝鋒時，胸中四彈，壯烈殉國。

12 月 2 日

〔1〕廣東人民抗日游擊總隊，改編爲廣東人民抗日游擊隊東江縱隊（簡稱東江縱隊）。

12 月 3 日

〔1〕當日凌晨，常德守軍第五十七師師長余程萬鑒於援軍不至，全師 8000 餘人僅剩數百人，同時彈藥告盡。遂緊急召開團以上軍官會議，研究決定趁夜向沅水南岸突圍，小部分向西北城郊轉進。城內由一六九團少將團長

柴意新率殘部 51 人，牽制日寇，掩護傷兵，繼續堅持巷戰，迎接援軍的到來。留守牽制日寇的柴意新團長，扼守最後一個據點，與日寇死拼，至 12 月 3 日 4 時左右，率領殘部向日寇陣地衝鋒，不幸中彈犧牲，常德淪陷。余程萬僅率領百餘人成功突圍至第十軍陣地，常德經過 12 晝夜血戰最終被日軍佔領，但殘餘守軍仍堅持戰鬥直至 12 月 9 日常德被收復。同日，蔣介石下令第六、第九戰區部隊按照計劃，向常德附近之敵發起圍攻。

12 月 4 日

〔1〕當陽方面戰況順利，第三十三集團軍的第一七九師突入淯溪河市，盡毀該地日軍營房。第三十七師猛攻當陽城垣，炮轟城內日軍據點，當陽城內敵駐軍連連告急。第六戰區司令長官孫連仲以各路戰況順利，乃電令第十集團軍與王耀武集團全力衝入濱湖區，索敵決戰。第七十九軍暫六師加速南下，自突破口圍攻常德退敵，第一〇〇軍第六十三師攻陬市，第六十六軍第一八五師在攻克石門後，向津市，澧縣進擊，第十八軍全師出臨澧，第七十九軍與第七十四軍利用目前突破口長驅大進。第六戰區兩線兵團已衝進日軍第十一軍的腹地之中。橫山勇見第三十九師團與第十三師團已紛紛遭到中國軍隊擊退、切割，大軍後路將斷，馬上將原先大部用於德山方面掩護任務的第三師團火速北運，意圖在澧水沿線堵擊第七十四軍與第七十九軍。常德南面只留漢壽方向的第六十八師團，掩護仍在常德城內撤退中的第一一九師團。

12 月 6 日

〔1〕第五戰區軍隊克復信陽。

12 月 9 日

〔1〕當日，日本第十一軍由於減員嚴重，兵力不足，被迫放棄常德北返。臨時組建的歐震兵團（係由五十八、七十二、暫二軍抽調約三個師部隊組成）趁機於當日收復常德（12 月 3 日失陷）。歐震兵團雖然在常德城陷之後才出戰，但作用甚大。這個兵團衝擊了日軍最後一個較完整的第六十八師團。中國軍事委員會隨即命令第六戰區及第九戰區抓住戰機，追殲撤退之日軍，但各部隊行動遲緩未能達成任何戰果。

12 月 11 日

　　〔1〕在常德會戰期間，有 20 餘萬中國軍隊在常德外圍與 10 多萬日僞軍進行激戰。在西北一線作戰的部隊七十四軍第五十一師和五十八師，以及一○○軍第十九師和六十三師，始終把企圖進犯常德的日寇第十三師團牢牢牽制在常德西北。11 日，日寇開始全線退卻。日寇第十一軍於 14 日 12 時 10 分，向派遣軍總司令部發電請求撤退，第十一軍 19 日開始撤退。第六戰區兩線兵團合圍，收復常德。

常德會戰中的日軍俘虜

12 月 17 日

　　〔1〕英國軍事代表魏亞特抵重慶。

12 月 18 日

　　〔1〕日機 40 多架分兩批竄入雲南，其中第一批與美空軍發生空戰，被擊落 4 架。19 日第二批日機 38 架再竄入雲南，被擊落 9 架。22 日，又有日機 77 架分兩批竄入昆明投彈，並與美空軍發生空戰，日機 20 餘架被擊落。

　　〔2〕《中古友好條約》在古巴哈瓦那簽字。

〔3〕中日常德會戰結束。當日，中國第六、第九戰區部隊追擊撤退日軍，收復全部失去的陣地，恢復戰前態勢。常德會戰中，中國投入直接參戰部隊 26 萬餘人，日軍投入 9 萬餘人。中國軍隊在給予日軍較大殺傷的同時，自身也付出重大代價。中國第六戰區傷亡達四萬餘人（陣亡師長三人），第九戰區傷亡一萬餘人，其中堅守常德的第五十七師 8000 餘人絕大多數犧牲。中國方面統計殲滅日軍兩萬餘人，日軍則說自身減員超過一萬。

12 月 25 日

〔1〕我軍先後收復南縣、安鄉、金石、枝江、洋溪、松滋、公安。26 日恢復戰前戰態。

〔2〕中國駐印軍新編第三十八師攻克緬北於邦。中國駐印軍第一次反攻作戰取得勝利。中印公路亦修通至新背洋。

第九章 1944 年：反攻滇西 豫中會戰 長衡會戰 桂柳會戰

1944 年 1 月 中國駐印軍攻抵胡康河谷附近

1 月 1 日

〔1〕中共中央北方局發出《關於 1944 年的方針》。八路軍、新四軍對日偽軍相繼發起春季攻勢。

1 月 2 日

〔1〕冀東八路軍攻入盧龍城。

1 月 3 日

〔1〕美國任命蘇爾丹少將爲中緬印戰區副司令。

1 月 5 日

〔1〕史迪威返緬督師。

1 月 6 日

〔1〕羅斯福向國會報告租借情況，謂對中印出口合計 8 億 5 千 6 百 82 萬 4 千美元，其中 68%爲軍火。

1 月 7 日

〔1〕緬北中國遠征軍肅清更的宛河、大龍河合流處日軍。

〔2〕中、印空運隊成績優異，隊長霍格准將獲羅斯福獎。

1月8日

〔1〕緬北中國遠征軍在於邦附近渡過大龍河，22日渡過布朗布拉姆河，30日攻克泰洛。

1月11日

〔1〕山東軍區決定將清河軍區與冀魯邊軍區合併爲渤海軍區

〔2〕美空軍第十四航空隊解放式機轟炸臺灣高雄鋁廠及東石港。

1月14日

〔1〕羅斯福要求中國滇西部隊配合蒙巴頓自印入緬攻勢行動。

1月15日

〔1〕日共野阪參三領導的「日人反戰同盟華北聯合會」擴大執委會在延安舉行，會議通過《解放聯盟準備委員會》的提案；決定建立「日本人民解放同盟」。

1月20日

〔1〕緬北中國駐印軍攻抵胡康河谷附近，渡過布朗布拉姆河。

1月24日

〔1〕緬境中國遠征軍攻佔敏格魯加。

〔2〕美第十四航空隊在東海炸沉日艦10艘。

〔3〕日軍大本營向中國派遣軍下達了攻佔湘桂、粵漢及平漢鐵路南部沿線要地的命令。

〔4〕華南各游擊隊向日僞軍出擊，鞏固和擴大抗日根據地。

1月25日

〔1〕美機又在東海炸沉日艦3艘。

1月31日

〔1〕日軍在華中搶掠豆麥。

〔2〕緬北中國遠征軍在胡康河谷殲滅日軍一個聯隊。

1944 年 2 月　新三十八師由胡康河谷進佔太巴卡

2 月 1 日

〔1〕八路軍總部發布命令，要各戰略區適時組織向日僞軍據點出擊。

〔2〕中國新三十八師由胡康河谷深入緬境達百餘里，並佔領太巴卡。後其主力沿塔奈河向南進攻，其第一一三團向孟緩東南之瓦魯班迂迴，協同新二十二師圍殲孟緩日軍。

〔3〕日軍在綏西搶糧，歸綏一縣被搶 30 餘萬石。

2 月 7 日

〔1〕冀魯豫回民支隊司令員馬本齋在山東莘縣病逝。

2 月 10 日

〔1〕晉冀魯豫八路軍劉伯承部解放朝城，繼克沙河、武鄉等。

〔2〕蔣介石在南嶽主持召開第四次南嶽軍事會議，14 日閉幕。

2 月 15 日

〔1〕國民政府行政院通過設置抗戰損失調查委員會，王正廷任主任委員。

2 月 16 日

〔1〕國民政府與蘇聯訂立「價購新疆烏蘇獨山子油礦蘇方設備合同」。

〔2〕中國、加拿大使節升格爲大使級。國民政府特任原任公使劉師舜爲駐加全權大使。

2 月 22 日

〔1〕日本大本營設臺灣總司令部，谷川清任總司令。

2 月 23 日

〔1〕緬北中國遠征軍在塔奈河南岸攻克拉徵卡。25 日，迫近孟關。

2 月 25 日

〔1〕華南東江縱隊開始向廣九鐵路全線出擊。

〔2〕本月華中新四軍對敵作戰 200 餘次，取得重大勝利。

2 月 27 日

〔1〕國民政府外交部在東印度英屬毛里求斯島及加拿大溫尼伯設立領事館。

1944 年 3 月　駐印軍在緬北取得瓦魯班大捷

3 月 1 日

〔1〕美國前任新澤西州長愛迪生正式接任美援華總會主席（前主席伍德去年病故）。

3 月 4 日

〔1〕中、美空軍混合大隊空襲海南島，擊毀日飛機 30 架。

3 月 5 日

〔1〕新四軍發起車橋戰役。新四軍蘇中軍區投入五個多團兵力，對日軍車橋據點發起進攻（日軍兵力為第 65 師團第 72 旅團兩個分隊、偽軍 1 個大隊 600 餘人），並成功對援敵進行伏擊。車橋戰役同時獲得攻堅與打援的勝利，共擊斃日軍大隊長山澤大作以下 383 人（生俘山本中尉以下 24 人），偽軍 212 人（生俘 168 人），新四軍傷亡 200 餘人。抗戰史上，這是 1944 年前八路軍和新四軍在一次戰役中俘日軍最多的一次。攻克車橋等敵重要據點 13 處，解放了淮安、寶應以東地區。

〔2〕緬北中國駐印軍新二十二師特遣支隊（戰車第一營配屬第六十六團第一營）佔領緬北的孟關，於 7 日與美軍在瓦拉本區會師。至 9 日，又攻克肚卡、拉郎加。10 日，與美軍在緬北胡康區會師。

3 月 8 日

〔1〕中國駐印軍攻佔緬甸臘戍。當日，新一軍新三十八師第一一二團突破日軍第一四六聯隊陣地，突入市區，當日攻佔全城。此後，新一軍部隊乘勝追擊，日軍全面瓦解。

〔2〕日本緬甸方面軍發動英帕爾戰役（「烏」號作戰）。日軍企圖奪取盟軍反攻基地英帕爾，威脅盟軍重要補給基地迪馬布爾，並切斷中印公路，改善其在緬甸的防禦態勢。參戰日軍爲牟田口廉也中將第十五軍共 8.5 萬人，由第五飛行師團提供支持。盟軍參戰部隊主力爲英軍第 14 集團軍，並有中國軍隊協同作戰。今日，南路日軍第三十三師團主力率先發起進攻，渡過欽敦江後經迪登、棟贊迂迴因帕爾。3 月 15 日，日軍主力第十五、第三十一師團強渡欽敦江投入進攻。經過數月慘烈的戰鬥，日軍的進攻遭到慘敗，7 月 10 日日軍大本營下令停止因帕爾戰役。此役，日軍傷亡 6.5 萬人，英印軍傷亡 4 萬人。

3 月 9 日

〔1〕中國駐印軍在緬北取得瓦魯班大捷。當日，駐印軍新三十八師經過激戰攻佔瓦魯班，並摧毀了日軍第十八師團指揮部，第十八師團長田中新一倉皇逃跑。駐印軍在瓦魯班戰鬥中擊斃日軍第十八師團作戰主任參謀官以下 1000 餘人，並繳獲第十八師團關防大印。

3 月 10 日

〔1〕日軍中國派遣軍制定了打通大陸交通線《一號作戰計劃》，並於 12 日向各軍傳達。其作戰目的是「擊敗敵軍，佔領並確保湘桂、粵漢及京漢鐵路南部沿線的要衝，以摧毀敵空軍之主要基地，制止敵軍空襲帝國本土以及破壞海上交通等企圖」。

3 月 15 日

〔1〕八路軍攻入昌黎。

3 月 16 日

〔1〕史迪威受任東南亞盟軍副總司令。

3 月 19 日

〔1〕緬北胡康河谷中國遠征軍攻克傑布山。

3 月 20 日

〔1〕孔祥熙發表聲明，不承認日寇將中國掠奪的黃金轉移他國。

3 月 21 日

〔1〕新四軍第四師對日僞軍發動軍政攻勢。

3 月 22 日

〔1〕中國、加拿大互助協定簽字。

3 月 25 日

〔1〕八路軍魯中軍區部隊展開第 3 次討伐僞軍吳化文部戰役。

3 月 26 日

〔1〕緬北中國遠征軍深入孟拱河谷。

3 月 27 日

〔1〕蔣介石電允羅斯福由雲南抽調軍隊,空運至印的意見,以應印、緬之急。

3 月 29 日

〔1〕昨緬北中國遠征軍攻佔拉班,切斷日軍退路。退守間布山的日軍第十八師團乘其立足未穩,突圍南逃。今日,新二十二師與迂迴部隊會師夏杜蘇,駐印軍將日軍逐出胡岡谷地,殲日軍近 6000 人。中國駐印軍進佔沙杜渣。至此,胡康河谷戰役勝利結束。按自 1943 年 10 月至 1944 年 3 月底,駐印軍向緬北南進 150 多公里,先後斃日軍軍官 60 餘人、士兵 4100 餘人,其傷亡人數總計 12000 餘。駐印軍傷亡總數爲 6495 人。

〔2〕瓊崖游擊隊獨立總隊改編爲「瓊崖縱隊」。

1944 年 4 月　日軍發起打通大陸交通線作戰

4 月 1 日

〔1〕八路軍太行軍區部隊發起水林戰役。

〔2〕第五十四軍編爲遠征軍,加入盟軍戰鬥序列。該軍第五十師潘裕昆部自昆明空運至印,參加緬北作戰。

4 月 4 日

〔1〕羅斯福要求中國雲南部隊入緬，牽制日軍英坊方向攻勢

〔2〕指揮中國駐印軍等部隊進行緬北反攻的史迪威，作出「奇襲密支那」的作戰計劃。按照計劃，一方面以新二十二師、新三十八師攻擊孟拱，另一方面以美軍五三〇七團以及新三十師八十八團、第五十師一五〇團等部隊組成「中美混合突擊隊」，穿越原始森林突襲重鎮密支那。

4月10日

〔1〕緬北中國遠征軍克復瓦康。

4月13日

〔1〕中國軍事委員會根據羅斯福第163號備忘錄的要求，為策應中國駐印軍的緬北作戰，盡快打通中印公路並配合英軍英帕爾作戰，電令中國遠征軍，命其以第五十三軍為第一線，第三十六師、第一九八師為第二線，4月底以前做好渡怒江進攻固東街、江苴街及騰沖的準備。強渡怒江入緬。

4月14日

〔1〕《中國加拿大新約》在渥太華簽字，加拿大放棄在華特權。

〔2〕孟拱河谷中國駐印軍新二十二師經過激戰佔領孟拱河谷之瓦康丁林，次日又攻佔孟古加拉。

4月15日

〔1〕第五十四軍編為遠征軍後，龍天武第十四師亦隨第五十師之後由雲南驛空運印緬，解盟軍密之那之圍。

4月16日

〔1〕臺灣革命同盟會為「馬關條約」49週年紀念發表宣言，號召臺胞與祖國大陸人民共同奮鬥，爭取抗日最後勝利。

〔2〕日軍為了挽救其在太平洋戰場上的失利，援救它侵入南洋的孤軍，並摧毀美軍在華東、華南的空軍基地，調集5至6萬兵力，首先對平漢路鄭州－信陽段發動進攻（即「打通大陸交通線作戰」），稱為豫中會戰。

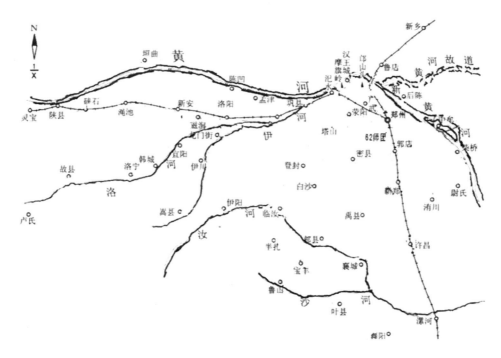

豫中會戰形勢示意地圖

4月17日

〔1〕晚，東路日軍首先自中牟向鄭州方向發動攻勢。第三天黎明，固守在黃河南岸邙山頭和霸王城達兩年之久的日軍也突然向與之對峙的中國守軍發動攻擊。至4月20日北線日軍發動總攻後，中國守軍很快被逐至廣武。

4月18日

〔1〕拂曉，日軍第十二軍第三十七師團配屬獨立混成第七旅，在位於鄭州與開封之間的中牟一帶渡過黃河，向第二十八集團軍暫編第十五軍河防陣地發起攻擊。被日軍稱爲「河南會戰」、中國稱爲「豫中會戰」的春季戰事打響。

4月19日

〔1〕新四軍第三師在江蘇漣水發起高溝、楊口戰役。

〔2〕中國軍事委員會調整遠征軍戰鬥序列，擬制出《遠征軍策應駐印軍作戰指導方案》，以第二十集團軍爲北翼，第十一集團軍爲南翼，強渡怒江，攻擊騰沖、龍陵等地日軍。

〔3〕日軍第一一○、第六十二師團由鄭州黃河鐵橋南端向第二十八集團軍吳紹周第八十五軍邙山頭陣地發起攻擊。從黃河邙山橋頭堡對漢王城據點發起攻擊。中國守軍八十五軍趙琳預十一師一個營奮起抗擊，激戰至中午守軍王鑫昌營長以下 300 餘人全部陣亡。預十一師反擊失利，對邙山橋頭堡進行防禦的第八十五軍於次日向後撤退。

4月20日

〔1〕孟拱河谷中國遠征軍攻克甘姆加登。

〔2〕夜，秘密集結在新鄉的日軍戰車第三師團開始南下。師團指揮部首先經過修復後的黃河鐵橋抵達南岸；第二天夜晚師團搜索隊和戰車第十三聯隊及工兵隊過橋；第三天夜則是機動步兵第三聯隊、機動炮兵第三聯隊及輜重隊。為了保密，日軍全部在夜間渡河，渡河後的戰車部隊隱蔽在黃河鐵橋南平漢路以西邙山各山坳中。日軍渡河時，國軍守軍預備第十一師仍在西側近 10 華里遠的摩旗嶺與日軍激戰。20 日清晨觀測所報告：「自晨至夕，敵人由鐵橋南渡，絡繹不絕。察到邙山頭東面平漢鐵路黃河南車站附近，日軍集結有大約 30 多輛戰車，似乎要突破國軍在東面的陣地，炮兵隨即向日軍戰車集結點猛烈射擊數十發炮彈，毀敵戰車七八輛。

4月21日

〔1〕豫東日軍兵分三路進犯鄭州、密縣、新鄭。突破陣地後，至 23 日相繼攻陷鄭州、新鄭、尉氏、汜水、密縣。

〔2〕史迪威命令梅里爾准將在太克里編成奇襲密支那的中美混合突擊隊。中美混合突擊隊分為三個支隊，分別由美軍第五三○團、中國駐印軍新三十師八十八團、第五十師一五○團、英軍別動隊第六隊等部隊混編而成。

4月22日

〔1〕鄭州淪陷。駐防鄭州地區的二十八個集團軍、第四集團軍、三十一集團軍，歷經中牟、漢王城、密（縣）登（封）、汜（水）鞏（縣）4 次作戰，節節敗退。僅 20 天，新鄭、滎陽、中牟、鞏縣等相繼淪陷。其間，日軍華北方面軍司令部遷駐鄭州。

〔2〕日軍主力沿平漢鐵路南下，以打開侵略華南的通道，許昌告急，處處籠罩著戰爭氣氛，民眾驚恐萬狀。

4 月 23 日

〔1〕新四軍彭雪楓師在運河至津浦路 300 裏外線出擊，解放 10 餘萬同胞，攻克敵據點 16 處。

〔2〕遠征軍新三十八師主力會攻莫岡，25 日攻克該地，殲第十八師團殘部和第二、第五十三、第五十六師團各一部。至此，駐印軍結束莫岡河谷作戰。其間，英軍第四軍團和第三軍殲滅進攻因帕爾的日軍大部，從而改變了緬甸戰場形勢。

4 月 24 日

〔1〕新四軍第三師發起蘇北阜寧戰役。

4 月 25 日

〔1〕日軍第十三軍以 2 個旅團由安徽正陽關、鳳臺攻向阜陽，作出向河南漯河進攻態勢，以牽制豫東守軍。打通平漢鐵路後撤回。

4 月 28 日

〔1〕自月初起山西北嶽軍區軍民收復據點 50 餘處。

4 月 29 日

〔1〕中國空軍炸毀黃河鐵橋。

〔2〕中美混合突擊支隊從太克里出發，穿越數百公里密林地帶，奇襲緬北重鎮密支那。

〔3〕日軍第十二軍向許昌發起攻擊，第六十二師團首先攻佔中國八十九軍第二十師防守的穎河兩岸陣地，掩護其他部隊進入攻擊出發地帶。

4 月 30 日

〔1〕豫中會戰激烈進行中，日軍開始攻打許昌。當日，日軍第十二軍向許昌發起總攻，日軍投入了第二十七、第三十七、第六十二師團、第七獨立混成旅團的部隊及及戰車第三師團一部，其中以第三十七師團為攻城主力。中國守城部隊在暫十五軍新編二十九師師長呂公良率領下依託工事，拼死抵抗。晚 6 時 30 分左右，日軍戰車經過 10 分鐘炮擊，終將許昌南城門部分打塌，機動步兵第三聯隊第一大隊一部在山野邊榮吉少佐指揮下自南門突入許昌城內，與國軍守軍展開激烈白刃戰。負責南門守衛的新二十九師八十七團

團長李培芹當時正在師部向師長呂公良彙報南門戰況，聞聽城門失守，立即親率部隊向南門衝擊。新二十九師副師長黃永淮親自督戰，遂回身帶領部下返回南門與日軍廝殺，最後戰死疆場。當天夜晚，許昌守軍突圍，許昌陷落。師長呂公良等五位團級以上將領以身殉國。抗戰時期，中國軍隊在一個戰役裏犧牲多位高級將領，十分罕見。這裡的民眾對中國軍隊當時的壯舉無限欽佩，人人盛讚呂公良。

1944 年 10 月 20 日，國民政府發布命令，追贈已故師長呂公良為陸軍少將軍銜。1946 年，呂公良的妻子方蓮君攜兒女將將軍忠骨遷至浙江杭州西湖畔安葬，當時沿途群眾夾道迎送，許多村莊都設供桌祭奠。

1944 年 5 月　第十五、十四軍展開洛陽保衛戰

5 月 1 日

〔1〕八路軍魯南軍區部隊向崮口山區偽軍榮子恒部發起進攻戰役。

〔2〕八路軍山東軍區部隊相繼發動夏季攻勢。

5 月 2 日

〔1〕中共代表林伯渠與國民黨政府代表王世杰、張治中就實行民主政治和整編軍隊問題，在西安舉行會談。

〔2〕日軍佔領許昌的第二天，戰車第三師團分別從長葛和尚橋和許昌出發，開始西進。於當日十二師團開始向郟縣攻擊。守軍第十二軍葛開祥八十

一師兩個團,與日軍戰車部隊展開激戰。當天夜晚,日軍突入城內,郟縣失陷。佔領郟縣的日軍戰車部隊,並未停留,隨即沿公路向西北方向的臨汝推進,在5月3日晚間抵達臨汝城外。十三軍和八十五軍將防區移交給新九軍,然後向臨汝急進。楊蔚第四十七師自宜陽白楊鎮(今河南省汝陽縣城)日夜兼程,剛抵達臨汝城內尚未開始構築防禦工事,日軍戰車部隊就已經前進到臨汝東的十里鋪,並於正在附近的八十五軍一一〇師三二八團接觸。四十七師不敵從西關撤退,臨汝被日軍佔領。

5月5日

〔1〕魯中八路軍等抗日武裝討伐吳化文戰役勝利結束,收復沂魯山區。

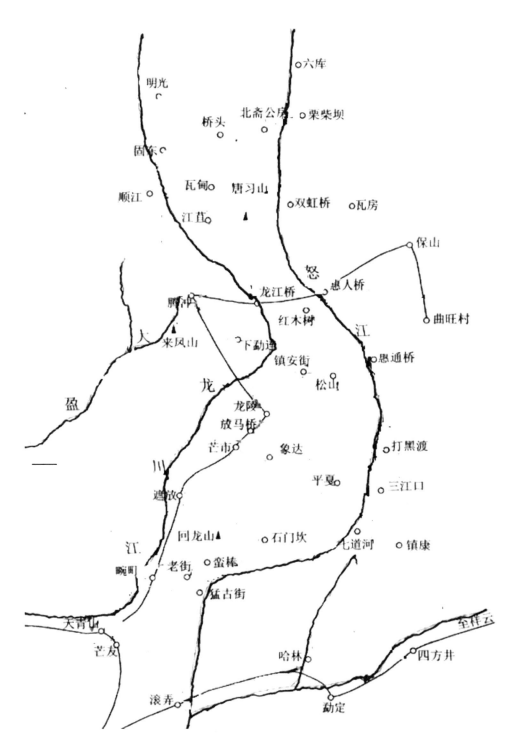

滇西戰區周邊地圖

5月6日

〔1〕緬北滇西戰役中，中國遠征軍第十一集團軍在雲南西部怒江西岸對日軍第三十三軍所部的進攻作戰。怒江戰役是中美聯合作戰的產物，由美軍提供渡江工具、對日軍陣地實施全天候轟炸，美軍炮兵部隊火力支持。美國並提供中國遠征軍全部的作戰補給。

〔2〕湖北襄陽淪陷。

5月7日

〔1〕河南日軍相繼攻佔了楊溝寨和東龍門山，中國第一戰區在登封一帶的主力已經西移，戰鬥在龍門以東山地的張際鵬第十四軍部隊奉命撤退到伊河以西。日軍機動步兵第三連隊則從楊溝寨北進到平原地帶，在伊河對岸，北面的洛陽已經遙遙在望。

〔2〕第一戰區司令長官蔣鼎文決定武廷麟第十五軍守洛陽。該軍是河南土產的一支部隊，前身是鎮嵩軍，下轄的六十四師師長劉獻捷是鎮嵩軍總司令劉鎮華之子，劉茂恩之侄。六十五師師長李紀云是黃埔出身，向來不服氣「趟將」出身的武軍長。臨時配屬給十五軍保衛洛陽的九十四師隸屬第十四軍，武廷麟均難駕馭。決定六十四師守西工、六十五師守北邙，九十四師守城關。但是各師在守洛陽城的確表現很出色。

5月8日

〔1〕八路軍總部命令太行、太岳軍區開展豫北遊擊戰爭。

5月9日

〔1〕日軍進犯魯山，攻陷漯河、郾城後，今日又侵佔駐馬店。

〔2〕日軍第一軍從山西垣曲（今古城鎮）強渡黃河，攻佔河南英豪、澠池後，沿隴海鐵路東西分進。

〔3〕中國遠征軍攻擊部隊第二十集團軍之五十三軍和第五十四軍，及防守部隊第十一集團軍之新三十九、第七十六和第八十八師之各一加強團，於是日自雙虹橋至栗柴壩間，分七處強渡怒江。

5月10日

〔1〕日軍戰車第三師團推進到洛陽以南東西一線，守軍九十四師一個營

奉命堅守「林森」橋北橋頭堡。為了阻截日軍前進，守軍忍痛炸毀了橋梁。

5月11日

〔1〕八路軍冀南與冀魯豫兩區合併，成立新的冀魯豫軍區。

〔2〕國共兩黨代表會議（西安）結束，中共要求擴編共產黨軍隊為4個軍12個師，遭國民黨拒絕。

〔3〕拂曉，日軍開始自關林、洛陽東郊兩路向洛陽外圍守軍陣地發起攻擊。戰車第三師團仍以戰車搜索隊為前鋒，從關林出發，向洛河「林森」橋以西西工陣地攻擊。西工陣地是中國在抗戰爆發後修建的永備性國防工事。

〔4〕中國遠征軍發起滇西戰役，配合中美聯軍緬北作戰。遠征軍第二十集團軍（第五十三、第五十四軍）、第十一集團軍（第二、第六、第七十一軍、第二○○師）以騰沖和龍陵、芒市（今潞西）為目標，發起滇西作戰。佔領滇西的日軍第五十六師團企圖以一部兵力固守松山、平戛、騰沖、龍陵等要點，阻止遠征軍進攻，集中主力實施反擊。11～13日，第二十集團軍從栗柴壩—雙虹橋間強渡怒江後，兵分兩路：第五十四軍為北路向北齋公房攻擊；第五十三軍為南路向大塘子進攻。第十一集團軍以四個加強團從惠仁橋—三江口間渡過怒江，分向紅木樹、平戛、滾弄（屬緬甸）進攻，策應第二十集團軍。

5月12日

〔1〕第六軍新編三十九師攻佔紅木樹；第五十四軍一九八師渡江攻佔橋頭、馬面關，圍攻齋公房。第七十一軍三十六師在雙虹橋過江，攻克大塘後越過高黎貢山，進至瓦甸以東一線。

〔2〕洛陽戰場今日拂曉，日軍以飛機十餘架、炮三十餘門掩護，再度大舉進攻。其攻擊重點在洛陽通往磁澗公路上的七里河大橋。國軍守橋部隊為六十四師第三團第八連，該連在連長劉長捷指揮下，多次與衝入戰壕內的日軍展開白刃戰，雙方激戰至十時許，七里河大橋被日軍佔領

5月13日

〔1〕日軍戰車第三師團從洛陽城西分兩路攻擊，一路向北突擊邙山腳下十五軍陣地，另一路則直撲洛陽西關。

〔2〕日本在上海設「經濟保安處」，直接負責掠奪滬地物資。

5月14日

〔1〕日機首次襲擊昆明。

〔2〕張軫豫南游擊總部和曹福林第五十五軍的部隊聯合作戰，收復駐馬店。

〔3〕日軍步兵三千餘，在戰車配合下，再度向洛陽西關發起猛烈攻擊。由於守軍力量消耗太大，日軍曾一度強渡西門大橋衝進城內，九十四師官兵奮不顧身，冒死反擊，在洛陽河洛中學前後公園巷、安樂街一帶，與衝進城內的日軍展開激烈巷戰，日軍不敵，被迫撤出城外。

〔4〕第八戰區各部隊正在緊急向虢略一帶集結，其先頭部隊的第八師、第一六七師、第九十七師先頭部隊抵達後，開始分配防務。在虢略以東，第八師的二十三團為掩護第八戰區部隊開進，於5月14日起就在陝縣境內與日軍激戰，副團長宋文煥陣亡，官兵傷亡五百餘人，被迫放棄虢略東北的大營向西撤退。

5月15日

〔1〕因為大雨造成洛河河水暴漲，後續抵達的日軍步兵無法渡河支持洛寧追擊隊。但是洛寧追擊隊在河對岸的炮兵配合下，從早晨8時起，向段村陣地發起進攻。第二天冒雨攻進洛寧城，當夜洛寧即被攻陷。

〔2〕中國遠征軍與美軍共同佔領密支那日軍飛機場。

〔3〕緬北中國遠征軍三路攻入蠻賓，與美軍會師。

5月17日

〔1〕上午，第二縱隊渡過南圭河一舉襲占密支那西機場。從此，縮短駝峰航線，成為中印空運基地。防守密支那的日軍第十八師團第一一四聯隊（欠第1大隊），迅即將所部千餘人收攏至市區固守。

〔2〕蔣鼎文和湯恩伯已經西撤，失去了總指揮的豫西各路大軍也紛紛西撤。5月17日，李家鈺、劉戡、張際鵬、胡伯翰先後抵達山中小集鎮翟涯。在臨時會議上共推李家鈺將軍作總指揮，以免爭先恐後搶路，並由第四十七軍殿後。

5月18日

〔1〕日軍十二軍將攻擊洛陽城的任務交給了自北平南下的華北方面軍直

屬部隊第六十三師團。日軍第六十三師團炮兵開始對洛陽城北國軍上清宮陣地，猛烈炮擊。炮擊一直持續到 19 日凌晨三時，日軍六十七旅團隨即向洛陽北外圍陣地發起攻擊。守軍第十五軍兩個師利用山地和永備性鋼筋水泥工事，輔之以交通壕、散兵壕、防坦克壕，並有密集的佈雷區和鐵絲網，用各種輕武器和迫擊炮，對沿山區丘陵村莊及從麥田中運動的日軍予以還擊。

1944 年河南塹口遭日軍轟炸

5 月 19 日

〔1〕蔣介石召見林伯渠。

〔2〕日軍在河南各處發起的攻擊均失利，攻擊受阻，進攻被迫停止。調來已經到洛寧附近戰車第十三聯隊和一一〇師團的兩個步兵大隊返回洛陽，

歸六十三師團指揮繼續進攻。

〔3〕密支那戰役激烈進行中。當日，中國駐印軍第五十師第一五〇團經過激烈戰鬥，攻克密支那火車站。由於戰場指揮官美軍准將梅里爾指揮不當，加上地形不熟，疏於戒備及未能及時擴張戰果，結果在日軍反擊下陷入混戰。該團第三營營長郭文幹在混戰中陣亡，火車站失而復得。第一五〇團官兵被困於火車站附近，經過兩日激戰彈盡糧絕，經過肉搏後才衝出重圍。經過此次戰鬥，指揮官梅里爾由於推卸責任遭到中國官兵抵制。

5 月 20 日

〔1〕在洛陽戰場日軍攻佔了三座守軍固守的碉堡。為了奪回戰地，守軍六十四師參謀長王宇震親自帶領師部和六十五師特務連一個排、軍直屬搜索連兩個排與一九〇團兩個連增援，與日軍慘烈戰鬥，每奪回一座碉堡，都要付出巨大代價。

〔2〕國民黨五屆十二中全會開幕，至 26 日閉幕，組織部長朱家驊因提出「恢復下級黨部選舉制度」而被迫辭職。

5 月 21 日

〔1〕日軍第一軍一部為配合第十二軍在豫中的作戰，自山西桓曲、平陸地區渡過黃河，迅速佔領了澠池。日軍的突然出擊，切斷了隴海鐵路交通，令關中地區倍感威脅。中國第八戰區副司令長官胡宗南奉命指揮重兵抵達潼關，向靈寶前進。日軍準備在靈寶地區打擊第八戰區援軍。第一軍隨即以六十九師團主力和獨立混成第三旅團向西攻擊中國第三十六集團軍。集團軍總司令李家鈺中將陣亡。四十七軍一〇四師聞訊趕到，敢死隊士兵，衝到旗杆嶺上，在一個死角里將李家鈺的遺體搶回。李的遺體旋即被運回四川。為給將軍復仇，其部隊有的佩帶黑紗披麻帶孝與日軍血戰。

5 月 24 日

〔1〕清晨，日軍向洛陽守軍提出投降勸告，並準備在 24 日下午一時對洛陽發動總攻，其中戰車第三師團包圍洛陽城西側，攻擊重點是城西北角。

5 月 25 日

〔1〕日軍佔領洛陽。守軍指揮官十五軍軍長武廷麟決定突圍，當晚 10

時許，六十四師自南門，六十五師自東門以北、九十四師在東門，各自分路突圍。至 5 月 25 日清晨，守軍殘部各自突出城外，一路上打垮了不少日軍後勤兵站，也有一些人被日軍俘虜，但武廷麟軍長指揮的主力憑藉地形熟悉，終於突出重圍。5 月 25 日 8 時 30 分，洛陽被日軍戰車第三師團和第六十三師團攻佔。在蔣鼎文、湯恩伯指揮官及大量部隊向西撤走情況下，洛陽守城的土生土長部隊堅持了二十一天，爲河南人爭了光彩。

　　〔2〕第五戰區第五十五軍、第十戰區豫南挺進軍等部，向平漢鐵路南段實施襲擊，一度收復碻山、漯河等地，以牽制日軍。

第 15 軍 64 師連長耿諄（河南襄城人）

在洛陽保衛戰中被俘到日本做苦工。1945 年 6 月 30 日以勞工大隊長之身發動了著名的「花岡暴動」

5 月 26 日

　　〔1〕日軍爲實現其代號爲「一號作戰」方案的第二個戰略目標，企圖殲

滅湘中中國部隊與打通粵漢路。在發動豫中會戰後，又從東北、華北及濱海地區抽調 8 個師團約 17 萬人的兵力，在第十一軍司令官橫山勇指揮下，於 5 月下旬發動長衡戰役。第九戰區部隊在司令長官薛岳指揮下，集中 3 個集團軍的兵力，採取以一部利用既設陣地，節節抗擊日軍，遲滯其前進；主力集結於後方，利用有利地形，各個包圍殲滅日軍。日軍分三路進犯：左集團第三、第十三師團突破通城後，向渣津、平江進攻；第一一六、第六十八師團渡過新牆河向汨羅江南北兩岸進攻；右集團第四十師團、獨立第十七旅團渡過洞庭湖向沅江、益陽進攻。

5 月 27 日

〔1〕第八師和第一〇六師自 5 月 27 日對日軍發動反擊以後，李振清指揮的第一〇六師負責攻取險山廟。日軍連遭一〇六師的猛烈攻擊後傷亡慘重。

5 月 29 日

〔1〕東路日軍第三、第十三師經過激戰，於 29 日突破守軍第七十二軍陣地，佔領通城。

5 月 30 日

〔1〕日軍渡過汨羅江南侵，粵漢路側之湘陰、平江、源江、瀏陽、益陽、寧鄉等縣先後淪陷。

5 月 31 日

〔1〕在中共晉察冀中央局領導下，鄧拓編輯出版中國第一部《毛澤東選集》，共有五個分冊。

1944 年 6 月　日軍對長沙發起總攻該城失守

6 月 1 日

〔1〕長衡會戰今明兩天日軍先後侵佔長壽街和平江。中路日軍 4 個師團向守軍第二十軍陣地發起攻擊，佔領新牆後於 30 日直趨汨羅江北岸；左路日軍第四十師團及獨立第十七旅團由華容渡洞庭湖向沅江守軍發起攻擊。

〔2〕滇緬前線我第十一集團軍七十一軍配屬第六軍新編第三十九師、第

二軍從惠通橋、畢寨渡、三江口間渡過怒江，分向松山、龍陵、平夏、芒市進攻。

6月2日

〔1〕八路軍太岳軍區部隊發起濟（源）垣（曲）戰役。

〔2〕緬北盟軍兩路進攻加邁。

〔3〕第一戰區主力、第八戰區一部發起反擊。戰至中旬，將日軍逐至陝縣、洛寧、嵩縣、魯山一線，雙方對峙。

6月4日

〔1〕中國遠征軍第七十一軍新二十八師攻克松山外圍據點臘猛，圍攻松山。因日軍工事堅固，久攻不下，沿畢（寨渡）龍（陵）大道南側向龍陵突進。

6月5日

〔1〕林伯渠將中共中央向國民黨政策提出之意見書交王世杰、張治中。內容是要求國民黨政府實行民主，保障人民自由，實行地方自治等。王世杰將國民黨政府《對中共問題解決的提示案》交林伯渠，內容為八路軍改編為10個師，集中使用，其餘限期取消。

〔2〕長衡戰役中湘陰、古港、益陽失陷。

〔3〕中共中央發出《關於城市工作的指示》。

〔4〕新四軍第四師解放江蘇睢寧和安徽泗縣之間的廣大地區。

6月6日

〔1〕日軍進至沅江、撈刀河、永安市一線，攻陷蘆林潭、湘陰。此時，日軍兩翼部隊向瀏陽東北的古塔及洞庭湖西南的益陽進犯，形成廣正面的鉗形攻勢。對此，守軍集結有力兵團於兩翼地區，以少數兵力在內線破壞日軍後方交通，爭取在外線圍殲日軍。

6月7日

〔1〕日軍攻陷古塔，向高平、瀏陽進攻，企圖南犯萍鄉，迫近衡陽。

6月9日

〔1〕中外記者參觀團一行 21 人抵延安。翌日，朱德接見參觀團，八路軍參謀長葉劍英向他們介紹敵後戰場的軍事情況。

〔2〕在湖南守軍分路向古塔、東門市、永和等地實施圍攻，先後擊破古塔、東門市的日軍。此後日軍向守軍反撲。

6月10日

〔1〕滇西新二十八師攻克龍陵。10 日進抵龍陵近郊。日軍據守城垣及外圍據點，頑強抵抗，戰鬥激烈。15 日，獲得少量補充後，再度開展攻勢，連剋日軍外圍據點。殘餘日軍仍據守城內外據點頑抗。

〔2〕日軍戰車第三師團主力向弘農河東岸的守軍九十七師陣地發起猛攻，日軍戰車迅速渡過弘農河，但守軍的大面積佈雷區，令戰車第三師團長山路秀男十分爲難。晚，激戰後，日軍戰車部隊突破了九十七師的防線，在戰車和重炮火力掩護下的步兵繼續向前貫穿突破並進行迂迴追擊。

中國遠征軍炮兵部隊

6月11日

〔1〕湖南日軍攻陷石灣，守軍一部退守瀏陽。日軍強渡撈刀河，突破瀏陽一帶防線，對長沙形成包圍之勢。

〔2〕黎明，日軍戰車第三師團的戰車部隊遭到了一次十分嚴重的打擊。給於這支在豫中戰場上耀武揚威不可一世的日軍戰車部隊以致命打擊的部隊嚴格來說並非一個成建制的部隊，它甚至連一個番號也沒有。中央陸軍軍官學校七分校在校學員，利用巴祖卡火箭筒擊中幾十輛戰車，僥倖逃脫的日軍戰車狼狽逃竄。中午，日軍第一軍下令各部隊全體向東撤退，恢復進攻前態勢，轉入防禦。豫中會戰至此結束。

6月12日

〔1〕毛澤東在延安接見中外記者西北參觀團。

6月13日

〔1〕《中挪條約》在重慶互換批准書。

6月14日

〔1〕日軍開始攻擊長沙。守軍為張德能第四軍。日軍以優勢兵力，進攻瀏陽，守軍奮戰 9 晝夜後，退守瀏陽南郊。此時日軍集中主力包圍長沙，守軍據守外圍陣地，與日軍鏖戰。

6月15日

〔1〕新第二十八師獲得少量補充後，再度開展攻勢，連剋日軍外圍據點。殘餘日軍仍據守龍陵城內外據點頑抗。此時，日軍約 1500 餘人由騰沖向龍陵增援。第七十一軍第八十七師在龍陵以北地區予以阻擊。該師右翼為日軍擊破，側背受到威脅。同時芒市方面的日軍約 600 人亦向龍陵增援，與新編第二十八師一部激戰於馬橋附近。

6月16日

〔1〕中日豫湘桂大會戰激烈進行中。當日，日軍第十一軍對長沙發起總攻。日軍攻擊兵力為第三十四、第五十八、第六十八、第一一六師團，中國守軍為第四軍（下轄第五十九、第九十、第一〇二師及配屬的炮兵第四旅）一萬餘人。當日，日軍第五十八師團突破第五十九師修械所陣地，全線動搖，

撤守妙高峰、天心閣核心地帶。

6月17日

〔1〕中國遠征軍攻擊部隊第二十集團軍之五十三軍和第五十四軍，及防守部隊第十一集團軍之新三十九、第七十六和第八十八師之各一加強團，於是日自雙虹橋至栗柴壩間分七處強渡怒江。

〔2〕中國第四軍守衛要地黃土嶺、紅山頭，相繼失陷，嶽麓山主陣地亦被突破。日軍一部向株州、湘潭進犯。

6月18日

〔1〕長沙守軍第四軍與敵激戰4日，因外圍陣皆失，遂於18日向南突圍，長沙淪陷。事後第四軍軍長張德能因失守長沙被押解重慶，被處決。

〔2〕日軍集中龍陵的兵力約5000餘人，從21日開始向第七十一軍各師進行反撲。渡江後，以第七十六師攻平夏，其餘部隊向象達前進，並以一部向龍陵挺進。第七十一軍獲得第七十六師一部增援後，戰局並未好轉。

6月20日

〔1〕日軍佔領長沙後，分三路南進，直指衡陽。中路由湘潭出衡山，攻衡陽正面；右翼出湘鄉，攻衡陽西北面；左翼由醴陵出攸縣、茶陵、南犯安仁、耒陽，包圍衡陽東南面，並切斷援救衡陽的中國軍隊。醴陵、株洲、湘潭相繼淪陷。

〔2〕美國副總統華萊士偕隨員范宣德、拉鐵摩爾、哈查德等經西伯利亞飛抵重慶，訪問中國。翌日至24日止，與蔣介石共會談五次。離華時，華萊士發表書面談話，謂：「中美兩國決心盡力互助，積極進行對日作戰」。

6月21日

〔1〕日軍第四十師團佔領了湘鄉。日軍逼迫湘鄉名流前清翰林鄭家溉籌組維持會充當漢奸會長，被嚴詞拒絕，慘遭殺害。

6月22日

〔1〕第十八集團軍參謀長葉劍英招待中外記者西北參觀團，介紹中國抗戰情況和中國共產黨及其武裝力量七年抗日戰爭的功績。指出中共領導的武裝力量抗擊了全部侵華日軍的64.5%、偽軍的95%，在敵後創建了約1億人口

的 15 塊抗日根據地。

6月23日

〔1〕日軍沿湘江向衡陽進犯，守軍一九0師楊濟和營在五馬歸槽斃傷日軍 300 餘人。

〔2〕日寇第十三師團，從壇華經神嶺向西進攻，在赤山橋與滇軍魯道源第五十八軍展開激戰。200 多名日兵向姚家山發動強攻，火力猛烈。姚家山守軍與敵人激烈拼殺，手榴彈在敵群中爆炸，機槍憤怒地向敵人掃射。經過 5 個多小時激戰，五四九團團長陳紹桓在突圍中英勇犧牲，連長以下陣亡 300 餘人，敵人傷亡近 500 人。日軍攻破姚家山後進逼赤山橋。

6月25日

〔1〕敵軍攻佔五馬歸槽和飛機場。守軍五九六團反攻，激戰 5 小時，殲敵 400 多人，奪回機場，次日機場又失守。

〔2〕緬北駐印軍新三十八師一一四團攻克緬北重鎮孟拱。

〔3〕中共中央發出關於開闢河南控制中原的戰略方針的指示。

6月27日

〔1〕山東軍區對日偽軍全面展開夏季攻勢。

〔2〕日軍飛機 10 餘架，重炮 10 多門，猛轟五桂嶺、江西會館等陣地；同時，守軍在高嶺等地擊退敵 10 多次進攻，斃敵 600 多名，敵軍進展緩慢。

〔3〕衡陽保衛戰打響。當日，日軍第六十八、第一一六師團進抵衡陽城郊，接連突破守軍警戒陣地，並攻佔衡陽飛機場，對衡陽守軍形成三面包圍。衡陽中國守軍為方先覺第十軍，轄第三、第一九○及預十師，並臨時配屬了原守衛機場的饒少偉暫五十四師一個團、由昆明來援的整編四十八師戰防炮營等部隊。

6月28日

〔1〕中日滇西會戰激烈進行中。當日，中國第八軍到達增援龍陵前線，並以榮一師配屬第七十一軍，基本扭轉了戰場局勢。第七十一軍之第八十七、第八十八師及榮一、第七十六師各 1 個團向龍陵外圍日軍發動進攻，予以嚴重打擊。激戰至 7 月 6 日，日軍逐次退至龍陵城區及近郊，並形成對峙。

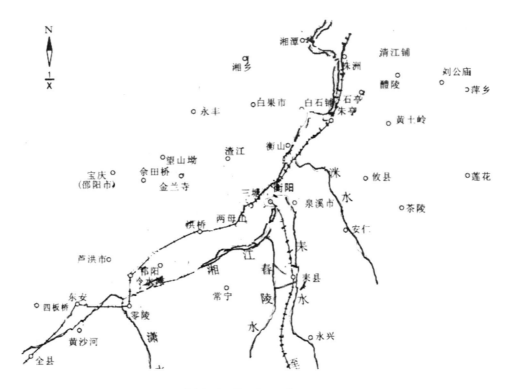

衡陽保衛戰周邊地圖

〔2〕衡陽保衛戰當日，日軍第六十八、第一一六師團向衡陽發動首次總攻。中國守軍四個師，在第十軍軍長方先覺指揮下堅守陣地，並在炮火支持下不斷予以反擊。日軍激戰終日毫無進展。敵先以排炮猛轟，繼以飛機對守軍反覆轟炸，並施放毒氣和硫磺彈。守軍不斷反擊，從山上投擲鋪天蓋地的手榴彈。第六十八師團長及參謀長在黃茶嶺被守軍預十師迫擊炮連擊傷。兩個師團日軍遂由第一一六師團師團長岩永汪統一指揮。雙方激戰至 7 月 2 日，日軍耗費大量彈藥並付出重大傷亡，僅推進 1000 餘米，被迫暫停進攻。

〔3〕當日，中國守軍王陵基第三十集團軍在西路日軍後方發起反擊，收復萍鄉。

〔4〕浙西中國軍隊克復衢縣。

6 月 29 日

〔1〕日軍大規模進攻衡陽，使用芥子毒氣攻城。與此同時，日軍在江西陷萍鄉後，南趨蓮花，迫近醴陸，並攻茶陵、安仁，渡耒河，以策應向衡陽的進攻。

守將第十軍軍長方先覺

6 月 30 日

〔1〕日軍佔領衡陽飛機場。日軍向五桂嶺炮轟後又施放毒氣，使守軍全連 80 餘人中毒身亡。

〔2〕中共中央指示太行、太岳區準備派遣兩個團挺進豫西，以開闢河南敵後根據地。

〔3〕六月份八路軍在華北相繼收復武強、定襄、淶源、河間、獲鹿、靈丘、徐水等城。

〔4〕新四軍第三師在淮海地區發動攻勢。

衡陽守軍炮兵

1944 年 7 月　第十軍頑強戰守衡陽四十七天

7 月 1 日

〔1〕中共中央向全軍發出《關於整訓部隊的指示》，確定在現有基礎上加緊整訓部隊，爲將來我軍發展一倍至數倍準備條件。

7 月 2 日

〔1〕在中國衡陽守軍第十軍 4 個師的頑強抗擊下，日軍第六十六、第一六八師團組成的攻擊部隊損失慘重，被迫暫停攻擊。

〔2〕第九戰區軍隊克復攸縣、平田、醴陵，並包圍耒陽之日軍。

7 月 7 日

〔1〕羅斯福電請蔣介石委任史迪威統帥中國國共軍隊之權。

7 月 8 日

〔1〕日軍繼續進攻衡陽，中國軍隊進行較爲堅決的抗擊。

〔2〕重慶文化界沈鈞儒、郭沫若等 20 人聯名致電廣西各界，響應「保衛東南」，力主組織人力、物力，堅持抗戰到底。

7 月 11 日

〔1〕衡陽戰場日軍重新組織炮兵和航空兵支持，重點攻西南方，並用飛機投擲大量燃燒彈使全城變成火海。預十師在張家山、虎形巢兩個重要據點，與敵反覆爭奪數十次，全師主力傷亡殆盡，

7 月 12 日

〔1〕滇西我軍合圍騰沖。攻下騰北敵軍中心據點橋頭、江苴後沿龍川江南下，一部掃清固東以北至片馬的殘敵，另一部掃清龍川江兩岸殘敵，形成迫近騰沖郊區、合圍騰沖城之勢。此時，所有由北而南潰逃的日寇與騰沖守城日軍合編爲一個混成聯隊，由一四八聯隊長藏重康美大佐指揮，死守來鳳山及騰沖城。

〔2〕同日，緬境加邁、孟拱間中國遠征軍會師。

7 月 14 日

〔1〕日機猛襲芷江飛機場。

7 月 16 日

〔1〕衡陽保衛戰，日軍在猛烈炮火下已突破中國守軍第十軍第一線多處要點。第十軍軍長方先覺下令將第一線陣地全部放棄，以第三師及預十師殘部合力防守第二線陣地。由於守軍防禦正面縮小，儘管部隊已遭到重大傷亡，但防禦火力並未減弱。

7 月 19 日

〔1〕國際貨幣金融會議宣佈：中國已被推爲世界建設及開發銀行十二董事之一。

〔2〕衡陽經過連日激戰，日軍主攻方向上的第一一六師團第一二〇聯隊

聯隊長和爾隆基大佐及第一三三聯隊的三個大隊長相繼被打死,各大隊所餘兵力不足 100 人,而且彈藥嚴重不足。日軍攻擊勢頭嚴重下降,日軍第十一軍被迫再次下令暫停攻擊。

7 月 20 日

〔1〕衡陽戰場日軍佔領守軍第一線陣地,但傷亡過大,被迫停止攻擊。

7 月 22 日

〔1〕駐華美軍總司令部派遣美軍觀察組第一批抵達延安。

7 月 23 日

〔1〕八路軍渤海軍區發起討伐僞軍李永平部戰役。

7 月 25 日

〔1〕中共中央命令,決定我軍開闢河南、控制中原戰略要地。隨即八路軍、新四軍各一部向中原進發。

7 月 26 日

〔1〕我軍在空軍掩護下,以優勢兵力向騰沖來鳳山 5 個堡壘群同時猛攻,官兵奮勇,血戰 3 日,付出重大犧牲攻佔來鳳山,旋即掃清騰沖南城外之敵,對騰沖城形成四面包圍之勢。最後圍住的孤城騰沖城牆全係巨石,高而且厚,城牆上堡壘環列,城牆四角更有大型堡壘側防。

7 月 29 日

〔1〕美軍重型轟炸機轟炸瀋陽等地。

〔2〕日軍一支 3000 人馬,向萍鄉南竄,妄圖取道白竺柘村,東犯蓮花,經茶陵向衡陽靠攏。第七十二軍奉命阻擊,軍長傅翼派所部新十三師三十八團前往迎戰,守軍在白竺上村四周山上構築工事。激戰七天,上村阻擊戰終於取得勝利。

7 月 31 日

〔1〕日機襲擊柳州、芷江、桂林。

1944 年 8 月　中美聯軍攻克緬北重鎮密支那

8 月 1 日

〔1〕中、蘇互換包裹協定原由海路經海參崴轉遞，現由陸路互換，指定新疆為轉換地。

〔2〕《中國墨西哥友好條約》在墨西哥簽字。

8 月 2 日

〔1〕我軍向騰沖攻城，先以雲梯登城，但犧牲慘重，無法立足，繼又利用空軍從天空轟炸，將城牆炸塌十餘處，從缺口強行登城。經 12 日激戰，始將城牆上的堡壘群逐次摧毀。

8 月 3 日

〔1〕中國駐印軍在美國遠征旅的協助下攻克緬北重鎮密支那。殲日軍大部，其殘部逃往八莫。密支那作戰結束後，駐印軍進行休整，將所部編組為新編第一軍，轄新編第三十八、第三十師；新編第六軍，轄新編第二十二師、第十四師、第五十師。

〔2〕滇西會戰日軍第二師團投入龍陵解圍作戰，在遭到慘重傷亡後進至桅杆坡，與困守龍陵的日軍取得聯繫，並進行一些補給。

〔3〕日軍決定廢止「大本營政府聯席會議」，設立「最高戰爭指導會議」。

〔4〕攻打衡陽日軍除原有兩個師團外，又增調 3 個師團對衡陽城西、北、南三面發動猛攻，重炮傾瀉炮彈 4 萬多發。

8 月 5 日

〔1〕中美聯軍攻克緬北重鎮密支那，密支那戰役結束，共殲日軍 3000 餘，至此緬北已被同盟國軍隊控制。同日，中駐印軍總指揮鄭洞國自印返渝，經昆明時對記者談緬北戰況稱：士氣極旺盛，都望早日打通印公路。

8 月 6 日

〔1〕衡陽戰場日軍突破小西門附近演武坪陣地，雙方展開巷戰。中午守軍頑強抵抗，擊斃敵六十八師團第五十七旅團長志摩源吉中將。幾處主要陣地雖然保持，但守軍已無兵力反擊了。

8月7日

〔1〕東江縱隊挺進廣州城鄉，搗毀番禺縣僞保安警察所。

8月8日

〔1〕侵華日軍佔領中國衡陽。第十軍軍長方先覺舉槍自殺被部下攔阻，隨即被俘，方先覺下令投降（後逃回重慶），第十軍官兵放下武器，衡陽城經過47天激戰終於淪於敵手。中國守軍第十軍頑強抵抗，據日軍陸軍部大大縮小了的數字：日軍在衡陽城的進攻作戰中，死傷共 12186 人，中國守軍陣亡 4000 餘人。日軍在戰鬥中損失慘重，第六十八師團長佐久間爲人中將被炸成重傷，第五十七旅團長志摩源吉少將等多名高級將領被擊斃。衡陽失陷，會戰結束。當時，還有第六十二、第七十三、第七十四、第七十九、第四十六、第一〇〇軍共計六個軍在外圍開展解圍戰，在茶陵進行反擊戰，均未成功。

〔2〕王甲本將軍奉令率第七十九軍從衡陽外圍西渡地區迅速向南轉進到湘南東安冷水灘和紅爐寺一線阻擊日軍，屏障我廣西大後方的安全。

血戰 47 天後，衡陽終失守，日軍付出了慘重的代價。圖爲衝入衡陽的日軍

8月11日

〔1〕盛世才以召開緊急會議爲名，將國民黨省黨部書記長黃如今、建設廳廳長林繼庸等一批國民黨在新要員——逮捕，總計達 100 餘人。給黃、林這些蔣介石的心腹干將扣上「混進國民黨內的共產黨」的帽子。

8月12日

〔1〕國民政府派顧維鈞、魏道明、商震爲英、美、中三國戰後和平機構會議出席代表，毛邦初、劉田甫爲專門委員。

8月13日

〔1〕第七十四軍以第五十七師主力接防祥雲觀陣地，第五十八師進佔蓮花。

8月14日

〔1〕我軍以 4 個整師兵力從騰沖南城牆，突進市區，展開激烈巷戰。由於城內街巷稠密，房屋相連，頑敵利用民房家家設防、巷巷築堡，戰鬥異常慘烈，每前進一尺，都要付出慘烈的代價。正如二十集團軍會戰概要所言：「攻城戰役，尺寸必爭，處處激戰，我敵肉搏，山川震眩，聲動江河，勢如雷電，屍塡街巷，血滿城垣」。由於犧牲慘重，又將防敵增援的一三〇師投入攻城戰役，經 42 天的「焦土」之戰，將守敵全殲。

往日繁華的騰沖街市滿目瘡痍一片焦土

8月15日

〔1〕新四軍第四師主力及地方武裝一部，進軍豫皖蘇邊地區展開攻勢作戰。

〔2〕蔣介石派朱紹良前往迪化，代表中央政府傳達將盛世才調離新疆轉任農林部長的決定。同時下令駐防迪化的預備第七師、駐哈密的徐汝成旅等駐新部隊作好戰鬥準備。並調十數架飛機集中酒泉待命，以應對可能發生的變故。

8月19日

〔1〕羅斯福宣佈：派赫爾利及戰時生產局局長納爾遜代表來華，協商軍事、經濟等問題。

〔2〕八路軍膠東軍區部隊發起大規模秋季戰役。

8月20日

〔1〕湘境耒陽淪陷。

〔2〕日軍佔領衡陽後，為打通大陸交通線、破壞中國西南空軍基地，發

動進攻廣西桂林、柳州戰爭，稱爲桂柳會戰。擔任廣西防務的是第四戰區，總指揮是桂林行營主任白崇禧。守備桂、柳的軍隊，主要是桂系夏威第十六集團軍的賀維珍第三十一軍、黎行恕第四十六軍。廣西省地方部隊桂綏第一縱隊、桂綏第二總隊駐守桂南。蔣介石原擬以第三十一、四十六兩個軍防守桂林，以第六十二軍（後改派第二十六軍）防守柳州，其餘部隊則集結桂柳外圍地區作戰。後白崇禧奉命回桂指導作戰，徵得同意改變了蔣的方案，將桂林守軍由兩個軍改爲兩個師，以致桂林守軍的兵力十分薄弱。

8月22日

〔1〕據美國官方公佈，截至1944年6月30日止，國民政府接受之租借物資總值1.5億美元；美國運往各國物資總值282.7億美元；英國所獲物資總值93.2億美元。

8月24日

〔1〕守廣西兵力不足，將陳牧農第九十三軍由四川綦江遠路調來增援，到全州佈防。調粵軍鄧龍光第三十五集團軍駐守西江。楊森第二十七集團軍亦陸續由湖南調來廣西。

8月25日

〔1〕陸軍第四軍軍長張德能因保衛長沙不力，押解到重慶被處決。張德能曾經在武漢會戰、長沙會戰等戰役中屢立戰功。

〔2〕日軍七十師團和梨岡支隊3000多人、僞軍3000多人進犯麗水時，我軍第二十一師六十三團官兵頑強抵抗，團長彭孝儒以下官兵大部陣亡。

8月26日

〔1〕日軍在武漢新增設第六方面軍司令部，岡村寧次爲司令官，布署第十一軍、第二十三軍進行桂柳會戰。日軍第六方面軍向第十一、二十三兩軍發出向桂林、柳州發起攻勢的命令。

8月28日

〔1〕八路軍晉綏軍區部隊發起秋季攻勢戰役。

8月29日

〔1〕中共中央華中局發出關於開展京、滬、杭等大城市和交通要道工作的指示。

〔2〕國民政府令：新疆省政府主席兼邊防督辦盛世才調任農林部長，督辦公署撤銷。任命吳忠信爲新疆政府主席，未到任前由朱紹良暫代。

8月30日

〔1〕朱紹良飛抵迪化，奉命暫代新疆省政府主席。

1944年9月 日軍侵入零陵七十九軍王軍長陣亡

9月1日

〔1〕日軍第十一軍佔領衡陽後，經過整補，以6個師團的兵力再次投入進攻。中國第七十四軍、第一〇〇軍、第七十九軍、第六十二軍等部隊稍事抵抗後，後撤，僅羅奇第三十七軍在常寧進行了頑強的抵抗，日軍進展迅速。

9月4日

〔1〕中國第八軍向滇西日軍松山據點發起第九次圍攻（即最後一次）。當日戰斗極爲慘烈，參加戰鬥的榮三團及第三〇九團僅餘20餘人，第二四六團僅餘 8 人，工兵及搜索連傷亡殆盡。第八軍急調怒江東岸的第八十二師第二四四團增援，繼續苦戰兩日，終於在9月7日完全攻克松山。

9月6日

〔1〕羅斯福代表赫爾利、納爾遜由印度飛抵重慶。11月，赫爾利任美國駐華大使，其主要使命是支持蔣介石在中國的統治地位，幫助他「統一中國境內一切軍事力量，防止國民政府的崩潰」。

〔2〕日軍另一路第二十三軍的二十二師團、一〇四師團、混成二十二、二十三旅團攻向梧州、平南，相互策應。

9月7日

〔1〕中國第八軍經過兩個月共九次慘烈的圍攻作戰，最終攻克滇西日軍據點松山。日軍守備部隊2500餘人（松山守備部隊1260人及外圍據點撤至松山的日軍）全部被殲，中國軍隊付出了近萬人傷亡的代價。至此，龍陵的

中國第十一集團軍主力，保障後方交通線暢通無阻。

〔2〕蔣介石接見史迪威、赫爾利、納爾遜，對一般軍事、經濟及中美合作等問題，交換意見。

〔3〕日軍第三師團由湘北侵入零陵，七十九軍軍長王甲本在冷水灘戰鬥中陣亡。日軍便衣部隊向第七十九軍軍部準備進行襲擊，王甲本將軍當機立斷，決定軍部立即向西轉移，命令警衛營加強警戒，其他各部遞次出發，然後他親自率領軍部手槍排在前開路。當他率部行至山口鋪附近時，不期正與日軍部隊遭遇，雙方立即展開了激烈的戰鬥。當日軍逼近王甲本將軍時，他拼死戰鬥，用手槍擊斃幾名日軍，又赤手空拳與日軍肉搏。他的頭部、胸、頸都被敵刀砍傷，兩手血肉模糊，最後被敵人刺刀刺中腹部，壯烈犧牲。

在松山斃命的日軍屍體

9 月 8 日

〔1〕日機對重慶開始連續進行大規模轟炸。

〔2〕第八軍在松山戰役，殲日軍炮兵第五十六聯隊一部。

9 月 11 日

〔1〕國民政府正式下發了關於調整新疆地方人事的任免令。盛世才在交通部次長徐恩曾的陪同下乘機離開新疆赴重慶上任。這位統治新疆達 11 年零 5 個月之久的「新疆王」，從此成為蔣介石的「籠中鳥」，新疆名副其實地成為中國的一個省區。不過，蔣介石並未完全食言當年「為盛世才負責一切」的承諾。

9 月 12 日

〔1〕日軍第五十八師團進入廣西，首戰黃沙河。在湘桂交界的黃沙河沒有受到中方軍隊有威脅性的阻擊。渡河後，於 9 月 13 日晨將全州包圍。午後開始向守軍陣地發起攻擊。中央陣地被突破後，公路兩側地區亦告失守。

〔2〕新四軍第四師師長彭雪楓，在河南夏邑八里莊戰中英勇犧牲。

9 月 14 日

〔1〕第二十集團軍經 2 個多月的不斷攻擊，於 14 日攻克騰沖，全殲第 148 聯隊殘部。重新回到了騰沖人手中。該役斃敵少將指揮官藏重康美大佐聯隊長以下軍官 100 餘員，士兵 6000 餘名。我遠征軍亦傷亡軍官 1234 員，士兵 17075 名，可見騰沖戰役之艱苦與慘烈，遠征軍將士拼死犧牲的愛國精神。

〔2〕陳牧農九十三軍失守全州。日軍五十八師團由黃沙河進攻全州，中國第九十三軍做一象徵性抵抗後即退出，全州一天後即告失守，城內火光衝天，部隊潰散，存放在全州的七十四軍軍用物資全陷敵手。張發奎異常震怒，要求蔣介石嚴辦陳牧農。蔣先令扣留以待法辦。

〔3〕另一股屬於第二十三軍的日軍第一○四師團由廣東三水出發溯西江西進，佔據懷集的第二十二旅團經信都向南進，兩路敵軍攻擊目標是廣西省梧州。

9 月 15 日

〔1〕第三屆國民參政會第三次大會，本日聽取林伯渠、張治中分別對於「中共問題」報告。林伯渠代表中國共產黨報告國共談判的經過和失敗的癥結，並正式提出要求廢止國民黨一黨專政和成立民主聯合政府及聯合統帥部。這個主張在廣大人民群眾中，在各民主黨派中引起了強烈的反響。會議決議組織延安視察團。

9 月 16 日

〔1〕佔領廣西全縣日軍沿湘桂路繼續西犯。

〔2〕同日，蔣介石在國民參政會上表示「關於中共問題，中央只求軍令政令之統一」。

9 月 18 日

〔1〕八路軍山東軍區發布爲粉碎敵人「掃蕩」，加速大反攻準備的緊急動員令。

〔2〕晉察冀軍區所屬之冀晉、冀察、冀中和冀熱遼 4 個二級軍區成立。

9 月 19 日

〔1〕中國民主政團同盟全國代表會議在重慶舉行。會議決議改中國民主政團同盟爲中國民主同盟。張瀾任主席。

〔2〕同日，羅斯福電蔣介石，要求蔣加強薩爾溫江中國的兵力，尤不能撤回中國遠征軍，否則蔣要承擔其所發生後果的責任。同時要求授於史迪威不受限制的指揮中國所有軍隊之權力。

9 月 20 日

〔1〕軍事委員會以第九十三軍軍長陳牧農擅棄廣西全縣陣地，判處死刑。桂林防守司令部司令官韋雲凇負責執行命令，由總務處長韋士鴻帶人前往第九十三軍把陳牧農抓捕，押解到桂林被處決。第九十三軍軍長陳牧農被處決後，軍長由甘麗初擔任。

9 月 22 日

〔1〕西上日軍第一〇四師團的部隊佔領梧州。次日，北進日軍獨立混成第二十三旅團佔領容縣。

9 月 24 日

〔1〕八路軍襲入汾陽，焚毀敵機場車站及電燈公司。

〔2〕同日，重慶各界各民主黨派代表董必武、馮玉祥、覃振、黃炎培、章伯鈞、沈鈞儒、胡子嬰等 500 人集會，要求改組國民政府和統帥部，成立民主聯合政府。

〔3〕同日，沈鈞儒等發起組織民主憲政促進會。

9月25日

〔1〕蔣介石以備忘錄致羅斯福，謂：「史迪威在華任職兩年，對於中美合作極少貢獻，拒絕給予史迪威以指揮全部華軍之重職，並要求另派富於友誼合作精神之任何美國將領，接替史迪威職務。」

9月27日

〔1〕日本陸軍第六十二獨立混成旅團和偽軍各約 5000 人，在福建閩江口北岸登陸。

9月28日

〔1〕從雷州半島出發的日軍獨立混成第二十二旅團與廣東方面第一○四師團第一三七聯隊會合，至此桂東屏蔽盡失，桂、柳形勢嚴峻。西上和北進的日軍同時攻佔了丹竹機場和平南縣城。至此，以「分進合擊」戰略分別由湖南和廣東進攻廣西的日軍，對桂林、柳州地區形成了南北夾擊之勢，廣西全境岌岌可危。

〔2〕福建連江淪陷。日軍佔領連江縣城，並由潘渡攻入大小北嶺，繼而進犯福州。時任海軍馬尾要塞、閩江江防司令李世甲率馬尾要塞司令部所屬的海軍陸戰隊進行頑強抵抗，日軍連續數日的進攻均未得逞。

9月29日

〔1〕軍事委員會抽調原在衡陽外圍地區參戰的部分進入廣西以加強第四戰區的兵力。除原屬桂系的第四十六軍外，還有楊森第二十七集團軍所轄的楊漢城第二十軍、丁治磐第二十六軍、羅奇第三十七軍，由衡陽以南地區經寧遠、零陵之間取道道縣入桂，從側面阻擊侵桂日軍。李玉堂臨時指揮的黃濤第六十二軍、方靖第七十九軍，則由衡陽以西地區沿湘桂鐵路北側入桂，從正面阻遏日軍侵桂。此外，又從廣東抽調鄧龍光第三十五集團軍所轄的張馳第六十四軍進入廣西，阻擊由西江和雷州半島進攻廣西的日軍，並防守桂平、武宣一帶要地。參加桂柳會戰的中國軍隊總共已有九個軍。

1944 年 10 月　日軍包圍桂林直逼柳州

10月1日

〔1〕由宋慶齡、郭沫若、張瀾等 72 人發起舉行追悼鄒韜奮大會，提出要求民主自由、反對國民黨的獨裁統治的呼籲。

10月2日

〔1〕寶慶淪陷。日軍佔領寶慶（今邵陽）後，中國軍民做戰鬥準備。破壞湘黔公路，在雪峰山地區挖掘工事，駐防要點，並進行整體防禦規劃。

10月5日

〔1〕福州淪陷，中國軍隊據守小北嶺。日軍第二次佔領福州達 260 多天，堅守嶺頭門的海軍陸戰隊經數天戰鬥後，突破日軍圍攻，經福州東郊上鋪、溪口、轉向魁岐渡林浦江，進入南臺島，再從閩江右岸撤至閩侯甘蔗等地。

10月7日

〔1〕美、英、中三國華盛頓橡樹園會議結束，發表聯合聲明，謂「三國為維護世界和平安全，業已議定國際組織與機構之計劃大綱」。

10月9日

〔1〕英、蘇兩國首腦在莫斯科舉行談判。美、蘇、英、中四國政府同時公佈《關於建立普通的國際安全組織的建議》（亦稱聯合國組織草案）。

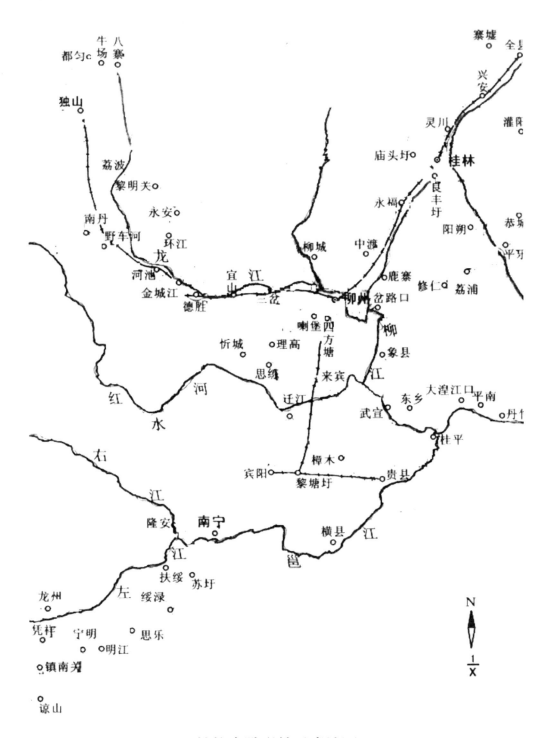

桂柳會戰形勢示意地圖

10月10日

〔1〕周恩來在延安各界慶祝雙十節大會上發表演說，指出挽救目前時局危機的唯一辦法是召開國民會議，改組國民政府及統帥部，成立聯合政府。

〔2〕駐印軍總指揮部令英軍第三十六師為右縱隊，由緬甸平堡向和平、傑沙、皎梅攻擊；我新六軍為中央縱隊，由莫岡向瑞古、東籲進擊；新一軍為左縱隊，由密支那向八莫、南坎進攻。

10月11日

〔1〕日軍包圍桂林，直逼柳州。日軍第六方面軍成立後，加緊進攻廣西。10月11日，日軍第十一軍攻佔了廣西東北部，下旬開始大舉進攻，以6個師團沿湘桂線向南推進，以2個師團向柳州方向攻擊。中國為抵禦日軍進攻，第四戰區集中20多個師以柳州為中心組織防禦。28日，日軍包圍桂林，並以2個師團繞過桂林直趨柳州。

10月12日

〔1〕日軍獨立混成第二十三旅團攻陷桂平。隨後，第二十三軍主力集結於江口、桂平一帶，準備北上攻取柳州。

10月14日

〔1〕蔣介石發動「十萬知識青年從軍運動」，並編組青年遠征軍10個師。

〔2〕同日，蔣介石致電羅斯福建議帕資、魏德邁、顧律格三名美籍將領中選一人為中國戰區參謀長。

10月16日

〔1〕國共兩黨一再發生內戰。國民黨軍暫編第一軍軍長王毓文率暫編第十四師、騎八師及各挺進縱隊，渡過巴清河北進，向豫東永（城）蕭（縣）地區進攻。進至薛家湖東北王樓、棚廠一帶，向保安山新四軍西進部隊陣地進犯，當被阻擊。21日凌晨，新四軍西進部隊主力全部出擊，打亂了指揮機關，將其全部擊潰。

10月18日

〔1〕駐重慶外國記者致電蔣介石，反對扣壓新聞電訊。

〔2〕蔣介石接羅斯福覆電，同意召回史迪威，並任魏德邁將軍爲中國戰區參謀長。同時將中緬印戰區分爲兩個戰區：中國爲一方面，由魏德邁任美軍司令，另一面爲索爾登指揮下之印緬戰區。

10 月 21 日

〔1〕第四戰區部隊主力向桂平方面的日軍反攻，試圖先擊退南面日軍，然後再回頭對付北面日軍。參加反攻桂平的部隊，有第六十四、六十二兩軍全部，第四十六、三十一兩軍主力，及桂綏第一、第二縱隊。還有重炮一個團、飛機數十架助戰。另外，還調楊森集團軍的第三十七軍由蒙山向江口、平南進攻，以配合桂平方面的反攻。反攻在桂平縣城附近進行，戰況頗爲激烈，曾攻克桂平附近的重要據點蒙圩和馬回嶺。

〔2〕蔣介石在知識青年從軍大會上，舉起拳頭，激動地發出了令青年熱血沸騰的口號：「一寸山河一寸血，十萬青年十萬軍！」蔣介石鑒於中國駐印軍和援緬遠征軍中下級幹部和特種兵嚴重缺員，盟軍大量來華急需翻譯，決定發起 10 萬知識青年從軍運動。9 月，蔣介石在國民參政會上號召知識青年從軍。10 月又決定成立青年從軍指導委員會，指定何應欽、陳果夫、吳鐵城、張治中、白崇禧、康澤爲常委，在蔣介石直接領導下，推動知識青年從軍工作。同時各省市和各大學也分別成立委員會，具體由各級三青團負責，中央由三青團組織處長康澤主持徵集工作。

10 月 24 日

〔1〕佔領的衡陽日軍主力南下，與欽州灣北進之日軍夾擊南寧。中國軍隊潰敗不堪。

10 月 26 日

〔1〕日軍第十一軍指揮第三、第十三、第三十四、第三十七、第四十、第五十八共計六個師團由虹橋繼續向廣西進發，發動攻勢。第三十七師團連日陸續佔領平樂、荔浦、修仁隘、龍虎關、恭城、陽朔。第五十八師團、第三十四師團逼近桂林西、北郊。第四十師團由全縣西南地區出發、進抵桂林東面的江東岸地區。第十三師團由灌陽出發，經鐵坑向桂林南面的大圩前進，佔領蘇橋圩，切斷了桂林通柳州的退路，並於 3 日佔領了永福。10 月底 11 月初，日軍第十一軍已完成了將桂林四面合圍的部署。

〔2〕國民政府外交部宣佈：承認意大利新政府。

10 月 27 日

〔1〕日軍以 3 個師團兵力，對桂林實行圍攻。次日，原由粵入桂的日軍第二十三軍主力逼近武宣，中國軍隊遂停止反擊退守武宣。與此同時，原由湘入桂的日軍第十一軍突破中國在桂林、荔浦方面的防禦陣地。

10 月 29 日

〔1〕反攻桂平的第四戰區中國軍隊作戰無果，開始退卻。日軍第二十三軍的部隊乘勢追擊，指向武宣東鄉和貴縣。

〔2〕中國遠征軍第十一集團軍向滇西龍陵發起最後的總攻，激戰至 11 月 3 日完全攻克龍陵。

10 月 30 日

〔1〕史迪威奉召返美。

1944 年 11 月　最殘酷的桂林巷戰

11 月 1 日

〔1〕日軍進抵桂林城郊。

〔2〕同日，中國空運大隊成立，美勒恩少校任隊長。

11 月 3 日

〔1〕中國遠征軍各部協力攻克龍陵，續向芒市推進。同日新編第三十八師進抵不蘭丹及新龍卡巴之線，向八莫迂迴進擊。

〔2〕日軍佔領武宣東鄉和貴縣，然後由武宣、貴縣兩方面向柳州發起攻勢，企圖攻佔柳州。

11 月 4 日

〔1〕日軍佔領蘇橋圩，切斷了桂林通柳州的退路，佔領了永福。

11 月 5 日

〔1〕日軍使用化學毒氣，突破桂林七星岩陣地。黃昏時，防毒排在前岩

附近發出了毒氣警報,證實日本侵略軍已向岩內施放毒氣,許多非戰鬥兵員和原有傷員都中毒昏倒致死。退守到七星岩的 391 團部分官兵,除團長覃澤文帶領特務排 10 餘人於 10 日淩晨 1 時許,冒著槍林彈雨由七星後岩衝出,利用槍聲間斷的空隙,躍過敵人的火力封鎖地帶,又經過幾許周折才通過鐵絲網,死裏逃生外,其餘全部犧牲。

11 月 6 日

〔1〕第七十一軍在榮譽第一師、第二○○師、第三十六師的支持下,殲日軍第五十六、第二師團各一部。攻克龍陵後,也向芒市推進。中國駐印軍突破伊洛瓦底江防線,攻佔瑞古。

11 月 7 日

〔1〕赫爾利、林伯渠飛抵延安。翌日,同毛澤東舉行會談,達成五點協議。一、中國政府、國民黨、共產黨一致合作,以期統一中國所有軍隊,迅速擊潰日本並建設中國;二、改組國民黨政府為聯合政府,宣布新三民主義政策;三、聯合政府擁護孫中山主義,建立民治、民有、民享政府,實行各項改革;四、聯合政府及聯合軍委會承認所有抗日軍隊,此軍隊應遵守執行其命令;五、承認各黨派團體合治地位。

〔2〕伊寧市爆發武裝暴動,迅速佔領伊寧專員公署和警察局、控制了伊寧市區。這一事件得到蘇聯的幫助,一支蘇軍從霍城越界支持。在我國內,歷來認識和叫法並不一致。一種說法:這一事件稱為「三區革命」,「從專區警察局裏發現了 238 具屍體,都是被國民黨反動派殘殺的無辜群眾」。建立了「臨時革命政府。」另一種說法:「大批極端民族主義暴動者,手持大刀木棒,四處搜殺漢人,其中東北籍漢人幾乎無一人幸免,伊寧救濟院的殘廢漢人都被拖到河邊用木棒擊斃。」宣稱建立所謂「東突厥斯坦共和國」,艾力汗·吐烈成為臨時政府主席,阿奇木伯克為副主席,並定都於伊寧。孰是孰非要算清。

〔3〕新六軍 11 月 7 日殲日軍第二師團一部,克瑞古,12 日攻佔西曼、大曼後,主力南向東籲進攻,一部北向八莫進攻,策應新一軍。

11 月 8 日

〔1〕日軍開始對桂林市區發起進攻。當日夜,日軍第四十師團第二三六

聯隊在總攻發起前，搶先在中正橋以北強渡灕江，突入桂林市區，並展開巷戰。日軍進攻桂林的有第四十、第五十八師團及第三十七師團，中國守軍僅有第十六集團軍副總司令韋雲淞指揮的第一三一師及第一七〇師。

日軍炮轟桂林市區

11 月 9 日

〔1〕由八路軍第一二〇師第三五九旅主力組成的第一遊擊支隊（通稱南下支隊），由延安出發，挺進湘粵邊。

〔2〕日軍第四十、第五十八、第三十七師團和第三十四師團一部，向桂林城發起總攻。同日，日軍第二十三軍、第一〇四師團、第十一軍第三、第十三師團突破中央兵團的防禦陣地，攻向柳州。

11 月 10 日

〔1〕日軍佔領桂林、柳州。拂曉，日軍第十一軍各部向桂林發起總攻。第十一軍司令官橫山勇至桂林北郊的山水塘村指揮攻城。桂林市區炮聲隆隆，濃煙滾滾，火光衝天。隨後日軍各部一齊出動，從東、南、西、北各方面向市內進攻。日軍飛機也前來助戰。

〔2〕城防司令韋雲淞決定棄城突圍，一三一師師長闞維雍開槍自殺。在

突圍中第三十一軍參謀長呂旃蒙中彈犧牲，防守司令部參謀長陳濟桓受傷後自戕。守城三將軍同時殉國。

〔3〕柳州守軍第二十六軍丁治磐部只稍作抵抗即棄城逃走，與桂林同一天淪陷，爲日軍第三、十三師團和第二十三軍的一個聯隊所攻佔領。

〔4〕江精衛病死於日本名古屋。陳公博代理南京僞政府主席。

日軍破壞的桂林北站

11 月 11 日

〔1〕周恩來與赫爾利自延安飛抵重慶，赫攜回毛澤東簽字的五項協議書。

11 月 14 日

〔1〕山東軍區部隊發動多季攻勢。八路軍濱海軍區四、六、十三團，八路軍魯中軍區一團，山東軍區特務團兩個營，山東軍區獨立一旅，莒中、莒南獨立營及區中隊、民兵計萬餘人，發起解放莒城戰役。是日，僞莒縣保安大隊副大隊長莫正民率所部 3500 餘人反正，並生擒當地大漢奸、惡霸于經武。

偽縣政府全部官員反正，莒縣解放。

11月19日

〔1〕日本調岡村寧次接替畑俊六爲中國派遣軍總司令。

11月20日

〔1〕第十一集團軍配屬第五十三軍沿龍陵一畹町公路追擊，新六軍攻克滇西芒市。新二十二師攻克緬北同古。

11月21日

〔1〕桂林、柳州淪陷後，中國第四戰區軍隊往柳州西北和貴州南部撤退。日軍第十一軍下令第十三師團向貴州獨山追擊，令第三師團向都勻追擊，要求將兩地交通設施及軍用物資全部毀壞後撤回廣西。

11月22日

〔1〕南寧、武鳴淪陷。〔日軍第二十二師團及第二十三旅團未經戰鬥佔領廣西南寧、武鳴。

〔2〕國民政府作爲反建議向中共方面提交三項協議案。其主要內容是國共兩黨與美國三方代表組成三人委員會來整編中共武裝，並由蔣介石委派一名美國人指揮。然後由蔣介石承認中共合法地位。中共派代表參加國民黨行政院政務會議。

11月24日

〔1〕滇西中國軍隊克復猛戛。

11月27日

〔1〕由柳州沿桂黔公路追擊中國軍隊的這支日軍，連續佔領宜山、金城江、思恩、河池，28日佔領南丹。

11月29日

〔1〕美駐華大使高思辭職，由赫爾利繼任；開始推行扶蔣反共的對華政策。

〔2〕同日，聯合國戰罪審查委員會遠東及太平洋分會在重慶成立，王寵

惠當選為分會主席。

11 月 30 日

〔1〕日軍第十三師團進入貴州省界，數萬難胞迎著刺骨的寒風，忍饑挨餓，沿著黔桂公路北上向獨山縣黑石關方向奔逃。敵軍一〇四師團有的趁黑夜混入難民流中。駐守在黑石關陣地上的第二十九軍王鐵麟第九十一師強行阻斷交通，難民進退兩難。敵我雙方展開了槍戰，敵軍趁亂佔領了黑石關。難民被打死、踩死、跳岩死和打傷的比比皆是。死於日軍與國軍夾擊中的難民近千人。

1944 年 12 月　日軍入黔駐印新六軍空運回國

12 月 2 日

〔1〕日軍第三師團連續擊破中國第九十七、第九十八軍的阻擊，佔領貴州獨山，對中國的大後方造成重大震動。當日晚，敵工兵第十三聯隊沿鐵路進入獨山。佔領車站附近時，已經天亮。3 日拂曉，敵一〇四聯隊第二大隊沿黔桂公路首先入城，聯隊最後於正午全部進入。至此，日軍完全侵佔了貴州黔南重鎮獨山。獨山城火勢依然熊熊，城北深河橋已被美軍命令炸斷。

12 月 3 日

〔1〕由於日軍入侵獨山兵力不到四千，戰線拉長，給養不足，又時值初冬，衣不禦寒，加之蔣介石已調大軍雲集貴陽、馬場坪一帶，又有部份中國軍隊在兩廣威脅敵後，日軍中央指揮系統已深感孤軍深入之危險。於是在 2 日當晚，敵十一軍軍部立即向入侵黔南之步兵第三和第十三師團下達撤退命令。敵侵獨山各部隊於 3 日 16 時接到第三師團的撤退命令決定從獨山撤退。日軍第三師團已攻佔貴州荔波，但隨後接到第十一軍要求後撤的命令，於次日開始南撤。

12 月 6 日

〔1〕冀東八路軍兩隊襲擊唐山，炸中日本領事館。

12 月 8 日

〔1〕周恩來由延安致函美國駐華大使赫爾利，謂延安方面不同意國民黨所提之條件，彼亦不擬返重慶。

12 月 10 日

〔1〕日軍完成「打通大陸交通線」的戰略任務。當日，從南寧南下的日軍第二十二師團與從諒山北上的駐越南日軍第二十一師團第八十三聯隊，在廣西扶綏南面的綏淥會合，完成了由華北縱貫大陸至印度支那的交通線。

12 月 13 日

〔1〕劉希程九十八軍在廣西多次擊退日軍進攻。夜襲車河之敵，打亂敵指揮系統，活捉阿根次郎大佐。在南丹與日軍激戰三晝夜，收復車河。

12 月 14 日

〔1〕中國駐印軍新三十師與日軍山崎支隊在南於爆發激戰。當日，日軍山崎支隊 3000 餘人在炮火掩護下猛攻 5338 高地的第九十團第三營陣地，日軍衝擊達 15 次之多，在付出重大代價後未能得逞。中國守軍第三營營長王禮宏陣亡。經過數日激戰，日軍拋下 1263 具屍體（日軍統計戰死 150 人，傷 300人）逃往南坎。

12 月 15 日

〔1〕中國駐印軍與盟軍協同作戰。中國駐印軍新三十八師在新二十二師一部支持下，全殲日軍第二師團搜索第二聯隊，攻佔緬甸的北部重鎮八莫。敵守城好三上校被擊斃。自 10 月 15 日由密支那向八莫發動攻勢以來，70 多次戰鬥，斃日軍 2400 餘、俘 20 餘人。駐印軍傷亡 1000 餘。由於國內豫湘桂戰局急轉直下，日軍攻入貴州，駐印軍新六軍新二十二師、第十四師空運回國。

〔2〕赫爾利舉行記者招待會，宣佈已正式奉命接任美國駐華大使。

12 月 18 日

〔1〕中美空軍轟炸武漢。

〔2〕國民政府國防最高委員會決議：設立善後救濟督辦總署，並特任蔣廷黻為督辦。

12 月 20 日

〔1〕日本決定實行臺灣總督兼任駐軍司令官制。

12 月 25 日

〔1〕中國陸軍總司令部在昆明成立，何應欽任總司令。

12 月 26 日

〔1〕重慶六工業團體發表對時局主張，期望政府實施憲政、厲行民治，呼籲全國團結一致，爭取抗戰最後勝利。

〔2〕中共中央對華中局發出關於發展江南的指示。

12 月 27 日

〔1〕粟裕率新四軍第一師渡江南下，開闢蘇浙皖邊抗日根據地。

12 月 28 日

〔1〕中共代表團向國民黨政府出四項調整國共關係補充方針：一、釋放一切政治犯；二、撤退包圍解放區的國民黨軍隊；三、廢止一切限制人民自由的法令；四、停止一切特務活動。

12 月 30 日

〔1〕國民政府稱：全國知識青年應徵從軍總額已達 12 萬餘人。

〔2〕緬北中國遠征軍攻克彭坎。

12 月 31 日

〔1〕延安《解放日報》發表專論，題為《敵後戰場偉大勝利的一年》。

第十章 1945 年：湘西會戰 光復廣西 日本投降 抗戰勝利

1945 年 1 月 中印公路暢通車隊抵達中國

1 月 1 日

〔1〕1945 年元旦，中國政府在告全國軍民同胞書中指出：「要以去年為危險最重而受患最深的一年，敵人侵犯到貴州獨山，這一年實在是第二期抗戰中最堪悲痛的一頁」。

〔2〕延安《解放日報》發表題為《爭取勝利早日實現》的新年獻辭。

〔3〕八路軍各部為執行「擴大解放區，縮小淪陷區」的戰略任務，相繼發動春季攻勢。

〔4〕蔣介石發表廣播講話，謂「不待抗戰結束，僅待軍事較為好轉時，即提前召開國民大會，頒佈憲法，實行還政於民」，反對建立聯合政府。

〔5〕遠征軍第 50 師由西鳥向南渡、昔卜進攻。新 1 軍擊潰日軍第 56 師團等部的抗擊。

〔6〕青年遠征軍第二○一、二○二、二○三、二○四、二○五、二○六、二○七師成立。

〔7〕沈鈞儒、章伯鈞、黃炎培等人發表新年希望、獻詞、獻言等，均主張結束國民黨一黨專政，成立多黨派的民主統一政府。

1月3日

〔1〕中日贛南會戰開始。日軍通過「一號作戰」打通大陸交通線後，計劃進一步打通粵漢鐵路南端等交通線，使湖南和廣東日軍連接起來，以結束日軍第二十三軍孤立於廣東及中國東南沿海的狀況，同時攻佔與摧毀遂川、南雄等地機場。

1月5日

〔1〕新疆三區臨時革命政府頒布施政綱領。

1月7日

〔1〕赫爾利致函毛澤東，對中共方面提出的建議，表示「詫異」。

1月10日

〔1〕中印公路自雷多至密支那288英里一段通車。

1月11日

〔1〕日軍爲了攻佔粵漢路南段及摧毀中國設在江西省的遂川、贛州、新城機場，以二十七師團、四十師團、六十八師團從湖南道縣、茶陵、零陵出動，遠途奔襲湘、粵、贛邊區。今日開始向坪石、樂昌間突進。我王澤濬第四十四軍、魯道源第五十八軍、傅翼第七十二軍進行抵抗。

〔2〕日本內閣召開非常會議。日本最高戰爭指導會議審議並決定了《確保大陸重要運輸線的政策》、《確定中國戰時經濟的政策》和《在中國統籌物資的要點》。

1月12日

第一支通過中印公路（又稱史迪威公路、雷多公路）向中國輸送援助物資的車隊啓程。當日，100輛滿載軍用物資的美國陸軍車隊從中印公路的起點印度雷多出發。並於2月4日到達雲南省會昆明，宣告這條「輸血管」開始爲中國抗戰發揮出重要作用。

1月13日

〔1〕蘇浙軍區成立，粟裕任司令員，譚震林任政治委員。

1 月 14 日

〔1〕赫爾利和蔣介石會談。蔣介石聲稱，不管中共參加與否，他將立即改組行政院。邀請國民黨以外人士包括中共代表參加，並召開「國民大會」。赫爾利指出：「這個方案有一缺點，沒有要求共產黨的軍隊交給國民黨政府」。

1 月 15 日

〔1〕「中國民主同盟」發表對時局宣言，提出：立即結束一黨專政，建立聯合政府等 36 條政治主張。

〔2〕中國駐印軍新一軍新三十師及新三十八師一團，向日軍發動攻擊，是日突入南坎，經激烈巷戰，至午全部佔領南坎，日軍殘部向臘戍方向潰逃。此役斃日軍 1780 人。

1 月 16 日

〔1〕新三十師由南坎向南帕卡進攻，新三十八師一部向南帕卡迂迴；主力沿南坎－畹町公路推進，於 27 日斃第五十六師團一部克孟尤，與遠征軍會師，中印公路完全打通。新三十八師主力沿芒友公路進擊、主力圍殲老山地區之敵，

1 月 19 日

〔1〕日軍二十七師團在茶陵東南一帶遇到四十四軍第一四一師的狠狠打擊，阻撓日軍向遂川的進軍時間，聯隊長櫻庭子郎因此被免職。次日日軍佔領蓮花、永新。

1 月 20 日

〔1〕滇西軍隊 1 月 20 日克畹町，遂進入緬甸追殲日軍。

1 月 21 日

〔1〕中國遠征軍第五十三軍第一一六師第三四八團首先與中國駐印軍新三十八師取得聯繫。

1 月 22 日

〔1〕佔領廣東的一〇四師團沿北江向北進攻，佔領英德。

1月24日

〔1〕日軍一〇四師團佔領英德後又進攻韶關。與中國守軍黃國梁第六十五軍的第一八七師和第一六〇師在韶關東、南、西三方及火車站激烈戰鬥。

〔2〕周恩來再次飛重慶談判。26日，國共兩黨談判重新開始。

1月26日

〔1〕昨日，日軍第五十七旅團攻佔郴州，中國梁漢明第九十九軍撤向三都煤礦地區。今日，粵北韶關淪陷，粵漢路被日軍打通。

1月27日

〔1〕中國駐印軍新三十八師攻克緬北小鎮一零五碼（緬語芒友），與從國內出擊的中國遠征軍會師，標誌著打通中印公路的作戰取得了全面的勝利。緬北、滇西反攻作戰自1943年10月開始，至1945年3月結束，中國軍隊付出重大犧牲（陣亡官兵31443人，負傷35948人，臺灣官方戰史數字），解放緬甸北部大小城鎮50餘個，收復雲南西部失地83000平方公里，基本殲滅日本第三十三軍第十八、第五十六師團（擊斃其官兵41142人，日本厚生省數字），給予日本緬甸方面軍直屬第二、第五十三、第四十九師團以沉重打擊（至少擊斃其數千人）。中國軍隊以巨大代價，取得了抗戰以來正面戰場唯一一次獲得徹底勝利的大規模進攻作戰。作戰的勝利，不僅打通了中國與盟國間的陸上交通線，使中國正面戰場的補給狀況有本質的改善，更重要的是重振因豫、湘、桂會戰失敗而損害的民心和士氣，鼓舞了全國軍民的抗戰鬥志和堅定了抗戰必勝的信心，同時向全世界宣揚了中華民族的國威。

〔2〕中國遠征軍、駐印軍和盟軍於畹町舉行會師典禮。蔣介石播講《中印公路開闢之意義》，宣佈該路命名為史迪威公路。

〔3〕新四軍各部展開春季攻勢作戰。

〔4〕華南抗日游擊隊根據中共中央「以湘粵桂邊為主要發展方向」的指示，相繼展開春季攻勢作戰。

靠近印度加爾各答的中國軍隊公墓

公墓中一位將官唐鐵成的墓冢

1月28日

〔1〕湘粵贛邊區作戰，日軍第二個目標是佔領機場。二十七師團前鋒已達到遂川機場附近，與中國守軍發生激戰。次日，佔領機場、遂川縣城。

〔2〕中印公路運輸車隊通過中緬邊境抵達中國。

1945年2月　粵漢路南段作戰中國連失重地

2月1日

〔1〕魯南八路軍解放泗水城。

〔2〕中共中央華中局、新四軍政治部紀念彭雪楓的決定，豫東永城縣改名為雪楓縣。

2月2日

〔1〕中國駐印軍新三十八師主力將日軍第五十六師團殘部殲滅於緬甸康梭附近，僅師團長松山祐三率少數人員逃脫。

2月3日

〔1〕日軍土屋誠一挺進隊佔領南雄機場。

2月4日

〔1〕史迪威公路首次車隊馳抵昆明西站，宣告這條「輸血管」開始為中國抗戰發揮出重要作用。雲南省主席龍雲舉行歡迎儀式，並代表政府接受盟國援華物資。車隊遊行全市，沿途受到民眾熱烈歡迎。晚上，龍雲設宴招待全體運輸隊人員。

〔2〕蘇軍渡過奧德河。

〔3〕今日至 11 日蘇、美、英三國首腦斯大林、羅斯福、邱吉爾在蘇聯的雅爾塔召開會議。11 日結束，簽署了有損於中國主權外蒙等問題的秘密協定。

2月5日

〔1〕新四軍建立蘇浙軍區，其境東起上海，西抵南京，南至杭州，包括蘇、浙、皖邊界廣大地區。

〔2〕同日，中國空運大隊在昆明成立，美上校卜朗里任大隊長。

2月6日

〔1〕日軍第二十七師團攻入江西贛州，其一部繼續南進，途中遭到中國第四軍的層層抗擊。

2月7日

〔1〕日軍四十師團攻佔南康之新城及新城機場。

2月9日

〔1〕美洲十家華僑報紙聯合通電國民黨政府，要求結束一黨專政，成立聯合政府及聯合統帥部。

〔2〕日軍第二十七師團與第四十師團在贛南新城會師，日軍粵漢鐵路南段作戰（贛南會戰）結束。日軍佔領了一直屬於中國國民政府後方地帶的郴縣、宜章、樂昌、韶關、南雄、遂川、永新等地。會戰中，中國第九戰區和第七戰區的部隊缺員甚多，鬥志很差，僅僅戰鬥了38天就使湖南與廣東兩地日軍打通聯繫。至此日軍「一號作戰」預定作戰任務全部完成，所謂「打通大陸交通線」作戰完全結束。

2月11日

〔1〕簽訂雅爾塔協定。同日，美、英、蘇發表克里米亞聯合聲明，就擊敗德國後，如何佔領與控制德國，如何處理戰後等問題達成一系列協議。同時，又簽訂秘密協定（即蘇聯參加對日作戰協議書），以允諾蘇聯在中國取得旅順、大連港口與東北鐵路之特別權益及外蒙獨立等，作為蘇聯參加對日作戰之主要條件。

〔2〕八路軍膠東軍區部隊發起討伐偽軍趙保原部戰役。

2月12日

〔1〕蘇浙軍區第一縱隊向敵後莫干山地區挺進。

2月13日

〔1〕臺灣革命同盟會召開第四屆會員代表大會，發表宣言，重申歸還祖國願望。

2月14日

〔1〕周恩來與王世杰會談關於中共的合法地位及參加政權問題。

2月18日

〔1〕周恩來就中共代表參加舊金山會議問題致函赫爾利。

2月19日

〔1〕赫爾利向美國政府提出反對美國援助中共的建議。

2月20日

〔1〕赫爾利致電周恩來，反對中共所提出中國出席舊金山會議的代表團應由各黨派代表組成的合理主張，宣稱：「會議上承認國民黨政府以外的中國武裝、政黨，有毀壞中國統一的可能。」

2月22日

〔1〕重慶《新華日報》發表重慶文化界312人對時局宣言，一致要求召開緊急國事會議，商討成立聯合政府。

2月23日

〔1〕贛西蓮花縣被克復。

2月24日

〔1〕緬北中國遠征軍三路進攻臘戍。

〔2〕中共中央向華中局發出關於向皖南、浙東、蘇南發展的戰略方針的指示。

2月28日

〔1〕茶陵、龍勝被我軍克復。

〔2〕八路軍河南軍區成立，王樹聲任司令員，戴季英任政治委員。

1945年3月　豫西鄂北會戰日軍企圖攻佔老河口

3月1日

〔1〕蔣介石在重慶憲政實施協進會第五次全體會議開幕式上發表演說，重申於本年 11 月 12 日召開國民大會，反對建立聯合政府。

3 月 7 日

〔1〕桂境柳城被收復。

〔2〕同日，東南亞盟軍總司令蒙巴頓偕夫入飛抵重慶。次日，與蔣介石商談和中國戰區軍事合作問題。

3 月 8 日

〔1〕中國遠征軍克臘戍，30 日與英軍第三十六師會師皎梅。此時，由印緬邊境和孟加拉灣反攻的英軍已攻佔曼德勒，駐印軍遂結束作戰，陸續回國。駐印軍和遠征軍經一年多的英勇奮戰，傷亡 6.7 萬餘人，斃日軍 4.8 萬餘人，完成開闢中印公路的作戰任務，使大批物資輸入國內，爲抗日戰爭取得勝利做出了貢獻。

〔2〕山東八路軍解放蒙陰。冀中八路軍攻入新樂。

3 月 9 日

〔1〕周恩來致函赫爾利、王世杰，提出兩點聲明：⑴反對由一黨控制召開『國民『大會；⑵反對國民黨獨佔出席舊金山聯合國會議的代表名額。

〔2〕同日，日軍分路圖侵芷江機場。

3 月 10 日

〔1〕世界最長的中印油管（1760 公里）工程完竣。

3 月 11 日

〔1〕江西遂川被克復。

3 月 12 日

〔1〕東北抗聯教導旅制定配合蘇軍反攻東北的軍訓計劃，並開始緊張的訓練。

3 月 21 日

〔1〕豫西鄂北會戰開始。日軍 7 萬餘人、戰車百餘輛，由襄陽等地出動，

分路向南陽、老河口、襄樊、西峽口進犯。

3月22日

〔1〕豫西鄂北會戰（老河口會戰）。當日拂曉，日軍華北方面軍第十二軍出動第一一○、第一一五師團、戰車第三師團以及第八十七旅團、騎兵第四旅團等部隊，在南線第三十四軍第三十九師團配合下，向中國第一、第五、第六戰區發起進攻，企圖奪取南陽，並攻佔老河口、西峽口一線。

3月23日

〔1〕鄂北自忠縣淪陷。（爲紀念張自忠將軍，宜城縣曾改名「自忠縣」。）

3月27日

〔1〕國民政府行政院發表出席舊金山聯合國會議代表團人選：宋子文爲首席代表，顧維鈞、王寵惠、魏道明、胡適、吳貽芳及李璜（青年黨）、張君勱（國社黨）、董必武（共產黨）、胡霖爲代表，施肇基爲高等顧問。

3月28日

〔1〕湖北南漳淪陷。

3月29日

〔1〕延安《解放日報》發表題爲《加強邊沿區的對敵鬥爭》的社論。

〔2〕參加老河口會戰（豫西鄂北會戰）的第七十七軍（軍長何基灃）、第五十九軍（軍長劉振三）部隊向襄陽西南的南漳發起反攻。昨日剛攻佔南漳的日軍僅有獨立第二三一大隊防守，中國軍隊當日殲滅日軍一部後收復南漳。但日軍第三十九師團主力於當日晨攻佔襄陽，次日又攻佔樊城。

3月30日

〔1〕晉察冀邊區八路軍收復靈邱縣城並解放全境。

〔2〕中駐印軍新六軍第五十師一部在緬北喬梅與英印軍會師。至此，中國駐印軍緬北作戰勝利結束。緬北滇西作戰，自 1943 年 12 月到當月底，歷時年多，中國軍隊共俘獲及擊斃日軍 25120 人，中國軍隊犧牲 31443 人，負傷 35948 人。6 月，中國遠征軍和駐印軍全部載譽歸國。中國駐印軍第一軍新 38 師、第 50 軍部隊在曼德勒郊外的皎梅，與英印軍第 36 師部隊會師。至此，

中國駐印軍反攻緬甸的任務勝利完成。此後，新一軍暫時駐防緬北各要點，後於 1945 年 6、7 月間先後返國。

〔3〕參加老河口會戰的日軍第八十七旅團（包括 6 個步兵大隊、1 個炮兵大隊和 6 輛坦克），向河南南陽發起進攻。守軍第六十八軍第一四三師（師長黃樵松）與日軍展開激烈巷戰。但是包括第六十八軍主力在內的第五、第一戰區部隊均已全線後撤，南陽已成孤城，第一四三師於當日夜間撤離南陽。

1945 年 4 月　湘西雪峰山最後一會戰

4 月 1 日

〔1〕湖北樊城淪陷。

〔2〕青年遠征軍第二〇八師成立。師部設於江西黎川，師長為黃珍吾，接收從軍青年 11000 餘人。同日，青年遠征軍編練總監部在重慶大坪成立「女青年服務總隊」，成為女青年軍的司令部，負指揮訓練之責，接受青年遠征軍政治部之指導。由陳逸雲任總隊長。

4 月 4 日

〔1〕蔣介石電令第一、五戰區部隊對投入豫西、鄂北會戰的日軍組織反攻，但中國守軍各部遭日軍攻擊，無力發起進攻。

4 月 5 日

〔1〕《中瑞（瑞典）平等新約》（七款）在重慶簽字。

〔2〕同日，蘇聯宣佈廢除 1941 年 4 月 13 日簽訂的蘇日中立條約。

〔3〕日軍第二十軍在岡村寧次指示下召開師團長及獨立旅團長會議，下達了進攻芷江地區的命令。湖南的芷江為中國國民政府重要戰略基地，儲備了大量戰略物資，而且在粵贛邊區及湘、桂一帶空軍基地被日軍摧毀後，芷江機場成為中美空軍的重要基地。日軍計劃投入 3 個師團的進攻兵力，但由於運輸問題只能投入第一一六師團及第六十八師團的第五十八旅團和第四十七師團的第一三一聯隊。芷江地區的中國軍隊以第四方面軍為主要參戰部隊，擁有第十八軍、第七十三軍、第七十四軍、第一〇〇軍等精銳部隊，並有第三方面軍等部隊進行協同。

4月6日

〔1〕董必武由延安赴重慶。12日赴美參加籌備聯合國的舊金山會議。

4月7日

〔1〕日軍第一一五師團（師團長杉浦英吉中將）及第四騎兵旅團在野戰重炮兵第六聯隊配合下向老河口發起總攻。中國守軍第四十五軍一二五師頑強抗擊，多次擊退日軍攻擊，並殲滅突入城中日軍一部。

4月8日

〔1〕日軍第一一五師團主力經過整頓後繼續猛攻老河口。經過四小時激戰，日軍以傷亡近 400 人的代價突入城內。中國守軍第一二五師一面進行巷戰，一面組織撤退，於當日傍晚撤退至漢水西岸及老河口以南地區。老河口被日軍佔領。

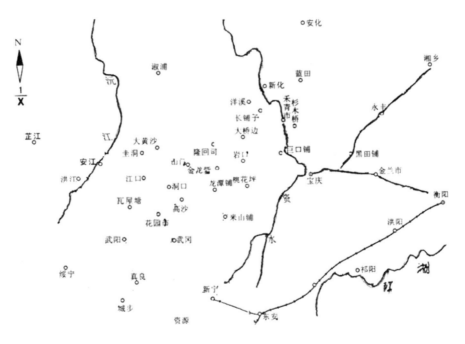

湘西會戰形勢示意圖

4月9日

〔1〕湘西會戰開始，日軍第一路由黑田鋪發動攻擊，遭第七十三軍逐次阻擊。

4月10日

〔1〕魏德邁自美返重慶，發表談話，謂此行已徹底研討反攻日軍計劃。

〔2〕湘西日軍第二路人馬由邵陽向小塘攻擊，受第一〇〇軍主力阻擊。16日，向白馬山攻擊時，又遭第七十四軍一部阻擊，17日進至放洞，第一〇〇軍一部奮力阻擊，其攻勢受挫，第一〇〇軍主力到達後將其擊退。

4月12日

〔1〕參加老河口會戰的中國軍隊發起局部反攻。當日夜，第四十一軍、第四十五軍各一部反攻光化、老河口，第五十五軍及第六十九軍各一部反攻鄧縣，第四十七軍一部反攻李官橋，但均被日軍擊退。日軍第一一五師團則在反擊中於15日攻佔新野。此後，中日雙方在豫西一線逐漸形成對峙。

〔2〕中共晉察冀分局發出關於準備配合蘇軍對日作戰的指示，繼續以熱河、遼寧和雁北地區爲主要發展方向。

〔3〕湘西日軍第三路人馬向邵陽西北石馬江攻擊，第一〇〇軍一部逐次抵抗，最後進至上查坪。

4月13日

〔1〕日軍第四路由九公橋強渡資水，攻佔岩山鋪、桃花坪，26日進抵洞口，經守軍阻擊與打擊，其攻勢受挫。

4月14日

〔1〕日軍第六十八、第六十四師團分路進攻益陽、大成橋，爲第十八軍所阻，成對峙狀態。

4月15日

〔1〕赫爾利抵莫斯科，與斯大林、莫洛托夫會談對華政策問題。斯大林表示贊同美國對華政策。

〔2〕日軍向芷江地區的進攻全面展開（雪峰山會戰）。當日，日軍進攻主力第一一六師團以第一〇九聯隊爲前鋒突破中國守軍第一〇〇軍六十三師警戒陣地和縱深第一七八團陣地。同時，日軍第五十八旅團開始向新寧前進，進行牽制性攻擊的第六十四師團第六十九旅團由沅江攻佔益陽。

〔3〕同日，中國陸軍總司令部下達作戰命令，要求各部隊迅速完成戰備，

準備以第四方面軍主力在武岡、新化附近與日軍決戰，並調集第三方面軍等部隊協同作戰，另調集在雲南的新六軍一個師空運芷江，作爲第四方面軍總預備隊。

4月16日

〔1〕鄂北我軍攻克襄陽、自忠縣（即宜城縣）。

〔2〕日軍第三十六師團主力及第六十八師團、第五十八旅團分由東安、全縣出動。兩路日軍連陷新寧、其良，爾後一部向梅江、長鋪子、水東、關峽進攻，經第七十四軍阻擊，又陷武陽、白家坊後，進攻瓦屋塘、水口。此時第七十四軍主力在空軍配合下向日軍反擊，給其以重創。

4月18日

〔1〕第五戰區軍隊克復樊城。

4月19日

〔1〕日軍第六十八師團一部於向小麥田、峽口進攻，最後進抵武岡城郊，爲第七十四軍一部所阻。

4月20日

〔1〕軸心國形勢不妙，歐戰接近尾聲，太平洋戰場節節失利，日本準備從桂省撤出第三、第十三、第三十四師團，粵省撤出第二十七師團轉移到華東地區。爲了在撤退中不致受到中國軍隊的攻擊，日軍第十三師團向隆山的第四十六軍進攻，以求解脫困境。

雪峰山會戰中受傷的第一〇〇軍士兵

4月21日

〔1〕中共中央舉行第七次全國代表大會的預備會。毛澤東發表講話，指出大會的工作方針是：團結一致，爭取勝利。

4月22日

〔1〕赫爾利從莫斯科返回重慶。

4月23日

〔1〕中國共產黨第七次全國代表大會開幕，6月11日閉幕。出席正式代表547人，候補代表208人，代表121萬黨員。毛澤東以《兩個中國之命運》為題致開幕詞，作了《論聯合政府》的政治報告和題為《愚公移山》的閉幕詞。朱德作了《論解放區戰場》的軍事報告。劉少奇作了關於修改黨章的報告。周恩來作了《論統一戰線》的重要發言。大會決定了「放手發動群眾，

壯大人民力量，在我黨的領導下，打敗日本侵略者，解放全國人民，建立一個新民主主義的中國」的政治路線；通過了新黨章、政治決議案、軍事問題決議；選舉了新的中央委員會。

〔2〕日軍進攻芷江的第一一六師團遭到頑強阻擊。當日，其右縱隊第一○九聯隊接連遭到第一○○軍第五十一師及第十九師、第六十三師各一部的反擊，激戰至 25 日僅剩 546 人。左縱隊第一二○聯隊當日攻佔高沙市，中央縱隊第一三三聯隊進至雪峰山東麓。與此同時，中美空軍進行了密切的空中支持，極大地限制了日軍晝間行動。

4 月 24 日

〔1〕芷江地區會戰當日，中國陸軍總司令部鑒於北翼益陽方面日軍第六十九旅團已遭擊退，決心調第十八軍參加第四方面軍主力會戰，並於當日發布作戰命令，重新部署芷江地區中國軍隊，並以新六軍的新二十二師控制於芷江作為總預備隊。

4 月 25 日

〔1〕聯合國大會召開。6 月 26 日閉幕。制定聯合國憲章會議在舊金山召開。中國成為聯合國安全理事會的五個常任理事國之一。

4 月 27 日

〔1〕舊金山聯合國會議通過：⑴任命美國務卿為國際安全會議主席。⑵國際安全機構主席，由主要國家輪流擔任，並宣佈宋子文、莫洛托夫、斯退丁紐斯及艾登四外長為聯合國會議主席。

〔2〕在廣西我軍開始反攻，第四十六軍甘成城一七五師首先反攻，攻剋日軍佔領的都安。我軍即在都陽山脈進出，威脅日軍。廣西民風彪悍，民團及地方綏靖部隊紛紛響應，所到之處，敵軍望風披靡。

4 月 28 日

〔1〕太行北線八路軍收復左權縣、和順縣。

〔2〕4 月底，沿邵榆公路西犯的日軍一三○聯隊、一三三聯隊及一一六師團本部已推進到雪峰山中段主峰下的江口、青岩、鐵山一帶。其右翼一○九聯隊則已越過雪峰山主峰進至龍潭司附近。中國軍隊防守江口正面的部隊

是第七十四軍之五十七師。爲阻擊殲滅突入防禦縱深地帶之敵，第四方面軍急從安江增調兩個戰防炮連到江口，戰役總預備隊亦從芷江推進到安江待命。

1945 年 5 月　雪峰山我軍合力截擊日軍傷亡慘重

5 月 1 日

〔1〕今日，中國第四方面軍在雪峰山向日軍發起全面反攻，江口地區阻擊戰打響。敵先頭部隊 600 餘向中國守軍五十七師一七○團鐵山陣地發起進攻。守軍接連擊退敵九次衝擊，斃敵數十名。次日，日軍增至千餘，繼攻鐵山守軍一六九團陣地。另一路日軍千餘則向青岩高地發起猛攻。守軍沉著應戰，在空軍的支持下，乘勢出擊，斃敵 200 餘。

〔2〕山東的解放區濱海行政公署成立。該區六年來由 3 個縣發展到 18 個縣。

5 月 4 日

〔1〕日軍進攻芷江。日軍後續不斷增援，中國守軍加強工事，嚴陣以待。晨起，敵約 300 餘分別向青岩、鐵山一線發起攻擊，來勢極爲猛烈。中國守軍自拂曉開始，終日轟擊敵陣，是日斃敵 600 餘。其時，日軍一一六師團部隊已進至鐵山東麓。5 月 5 日午刻，敵攻擊重點仍放在鐵山方面，中國守軍在空軍的支持下，越戰越勇，敵棄屍 200 餘具，鐵山陣地堅如鐵。

5 月 5 日

〔1〕國民黨第六次全國代表大會在重慶開幕，21 日閉幕。大會決定在 1945 年 11 月 12 日召開「國民大會，制定憲法」。會議拒絕成立聯合政府。並決議：對中共問題續求政治解決。

5 月 6 日

〔1〕王耀武第四方面軍命令第八軍由常德南下，李玉堂第二十七集團軍命令第九十四軍主力由湘黔邊境向武陽地區急進，準備夾擊進攻的日軍。進犯洞口、現江和江口的日軍分別向守軍發動進攻，經過激烈戰鬥，日軍傷亡重大。

5月7日

〔1〕敵驟然集兵4千餘，改用波狀式戰術再撲鐵山、青岩一線高地，中國守軍在空軍配合下猛烈還擊，敵再棄屍 300 餘具狼狽潰退。至此，日軍在此線累計戰死者已過 1600 餘。以上統稱青岩之役。

5月8日

〔1〕蘇聯新任駐華大使彼得羅夫向國民政府遞交國書。

〔2〕我軍從湘西方面開始向日軍發動反攻，拉開了中國軍隊戰略總反攻的序幕。中國人民的八年抗戰，開始大規模收復失地，並最終取得了勝利。今日戰鬥特別激烈，雙方打得地動山搖。中美空軍的飛機一批接著一批地飛到江口、青岩一帶轟炸日本侵略者。日軍沒有任何防空武器，被炸得喔喔直叫，山上到處都是被炸得血肉橫飛的日軍屍體。8日下午以後，日軍像潮水一樣潰敗。

〔3〕德國法西斯在歐洲戰場上徹底潰敗，德軍最高統帥部代表在柏林近郊的卡爾塞斯特簽署無條件投降書，歐洲戰爭結束。

5月9日

〔1〕中國國民政府令全國懸旗三日，慶祝歐戰勝利結束。

5月10日

〔1〕第七十四軍主力向半江峰以東一線出擊，日軍 3000 餘人向金龍呰附近地區撤退，第十八、第七十四、第七十三軍和第十三師合力截擊，日軍傷亡慘重，其殘部 1000 餘人向東突圍，被第七十三、第十八軍各一部截擊於龍潭鋪附近地區。

5月11日

〔1〕海軍陸戰隊與陸軍八十師分三路進攻福州。福州第二次收復，後又收復馬尾、長門。

5月12日

〔1〕中華抗敵文藝協會要求國民政府保障寫作自由。

〔2〕湘西戰役結束，日軍被殲滅 1 萬餘人。

5月13日

〔1〕據《解放區收復城市概況》一文載，解放區戰場至此已解放縣城55座。從5月開始，八路軍、新四軍對日偽軍發動了大規模夏季攻勢。

5月15日

〔1〕中國出席舊金山聯合國會議代表團發表對《聯合國憲章》託管制建議14點。

5月16日

〔1〕廣西日軍3000餘人由全縣向新寧進攻，被守軍所阻。向武岡進擊的中國第二十六軍一部，與守城部隊夾擊日軍，日軍付出重大傷亡後向東北潰退，遂解武岡之圍。

5月19日

〔1〕中國陸軍第二十九軍軍長陳安寶在南昌戰役中殉國後，陳金城爲軍長，駐兵廣西。今出兵攻克河池。四日來，又攻克金城江、黎明關、德勝、思恩數地。

5月20日

〔1〕何應欽、麥克魯、王耀武、巴特魯、魏德邁、金武德、邱繼達、英清惠、鄧元儀、馬崇六、施中誠等中美將領及記者若干人乘直升飛機到江口、青岩、鐵山陣地視察，連連稱道戰績可嘉。

〔2〕日軍繼續向東潰退，被第十八軍一部尾追及截擊，死傷眾多。

5月22日

〔1〕湘西會戰，中國第十八軍、第九十四軍、第七十四軍、第七十三軍、第一〇〇軍先後攻佔黃橋鋪、米山鋪等地。日軍第一〇六師團第一〇九聯隊被一〇〇軍包圍後大部被殲，第一三三、第一二〇聯隊也遭到沉重打擊。日軍第五十八旅團第二一七聯隊第一一七大隊在高沙市西北被第九十四軍全殲。

5月24日

〔1〕冀中八路軍解放安平縣全境。

5月26日

〔1〕福建日軍在福安搭浮橋渡過白馬河，李良榮師長率第八十師追擊到白馬河後，命二十八團第二營繼續追擊日軍直至霞浦縣城，主力返回福州。

〔2〕浙境日軍由永嘉進佔瑞安。

5月27日

〔1〕中國第六十四軍一五九師收復南寧，敵軍向柳州撤退。我軍同時向柳州、龍州方向跟進追擊。

5月29日

〔1〕八路軍總部發布應進行更積極的攻勢作戰的命令。

5月30日

〔1〕中國第四十六軍甘成城一七五師收復賓陽。後日，攻克遷江。

5月31日

〔1〕宋子文、翁文灝任國民政府行政院正副院長。

1945年6月　我軍向湘桂進軍收復失地

6月1日

〔1〕我軍攻克邕柳路上之遷江城，殘敵向柳州方向退卻。由懷遠沿黔桂路及其兩側向東推進各部隊，續有進展，又收復天河縣城。

〔2〕《中比新約》在重慶換文。

〔3〕淶源全境為八路軍解放，冀察邊區與冀晉邊區連成一片。

6月4日

〔1〕我軍克復遷江廟，續沿邕柳鐵路路基與邕柳公路線，分途攻擊前進已越過來賓。攻克遷江城之後，殘敵三百餘渡黔江時，被我擊斃江中。是日收復歲城、融縣兩城。西江流域我軍收復貴縣後，繼續分向桂平、武宣推進。攻克遷江我軍4日又克來賓，現正向思練、大塘疾進。

6月6日

〔1〕日本制訂本土決戰方針。

〔2〕第二十九軍與日軍在宜山展開爭奪戰，幾進幾出。至十四日該城被曹玉珩一六九師佔領，日軍敗走。

6月7日

〔1〕進攻湖南芷江機場的日軍全線敗退至出發地，中日湘西會戰（雪峰山會戰）宣告結束。中國方面統計殺傷日軍 36358 人，俘虜 204 人。日軍第 20 軍統計自身戰死 1017 人，病死 2181 人，戰傷 1181 人，生病：4 月份 5336 人，5 月份 4657 人，6 月份 14647 人。湘西會戰號稱正面戰場上的最後一戰。

6月9日

〔1〕中共七大選出毛澤東、朱德、劉少奇、任弼時、林祖涵、周恩來、董必武等 44 人為中央委員。6 月 10 日日本中國派遣軍決定，以主力控制華中、華北要地，在對中國進行持久戰的同時，準備阻擊進攻沿海要地之美軍。

6月14日

〔1〕日本關東軍制訂對蘇作戰計劃.

〔2〕八路軍實施熱遼戰役。

6月16日

〔1〕皖南新四軍深入蕪湖城郊，開闢廣大游擊區。

〔2〕同日，中共中央負責人聲明，中共不參加國民黨政府決定於本年 7 月 7 日召集的所謂「國民參政會」。

6月18日

〔1〕毛澤東、周恩來電覆褚成輔等七參政員，歡迎他們到延安商談國是。

6月19日

〔1〕中共中央在延安舉行七屆一中全會，選舉毛澤東為中央委員會主席兼中央政治局、中央書記處主席；毛澤東、朱德、劉少奇、周恩來、任弼時為中央書記處書記；毛澤東、朱德、劉少奇、周恩來、任弼時、陳雲、康生、高崗、彭眞、董必武、林祖涵、張聞天、彭德懷為中央政治局委員。

〔2〕第十四航空隊戰鬥機於 18、19 兩日猛襲柳州敵軍集中地帶和交通

線，桂林西南的雒容、柳州東南的桂平，廣西中南部西江流域的武宣各地的日寇陣地也曾遭炸。

6月22日

〔1〕太行、太岳兩區八路軍解放高平。

〔2〕我軍繼續分沿黔桂鐵路、柳邕公路和柳州公路線向柳州攻迫。我軍攻達柳州城南飛機場。

6月25日

〔1〕冀中八路軍解放獻縣、棗強。

6月26日

〔1〕蔣介石接見蘇聯駐華大使彼得羅夫，談宋子文兼外交部長赴蘇聯商訂《中蘇條約》問題，並表明對此事的立場態度。

〔2〕同日，美、蘇、英、法、中等 50 國代表在舊金山會議中簽訂《聯合國憲章》。中國國民政府代表顧維鈞首先簽字。各國代表簽字後，聯合國會議即告閉幕。

6月27日

〔1〕國民政府行政院長兼外文部長宋子文偕外交部次長胡世澤及沈鴻烈、錢昌照、蔣經國、張福遠、卜道明、劉澤榮與蘇聯駐華大使彼得羅夫等飛赴莫斯科，商談中蘇條約事。

6月29日

〔1〕第七十一軍所屬王鐵麟九十一師收復柳州。下午 12 時克復柳州城。柳州淪陷七月又二旬，該處爲黔桂湘桂鐵路之接會站，該城克復後，黔桂鐵路全段已完全重入我軍掌握。

6月30日

〔1〕新四軍解放上虞縣。

〔2〕宋子文與斯大林會談。

6月30日

〔1〕日本當局製造花岡慘案。

〔2〕八路軍實施安陽戰役。

〔3〕中蘇開始談判《雅爾塔協定》的實施方案。

1945 年 7 月　促令日本投降波茨坦公告發表

7 月 1 日

〔1〕參政員褚輔成，黃炎培等一行 6 人，由重慶飛延安商談國是。5 日，
返回重慶。

7 月 2 日

〔1〕桂南我軍收復柳城。贛南日軍撤出信豐。粵南化縣被收復。

7 月 3 日

〔1〕第六十四軍所轄劉鎮湘一五六師協同地方團隊，連續收復龍州、憑
祥，將敵軍驅逐於國境之外。

〔2〕冀魯豫軍區八路軍解放豐縣。

7 月 5 日

〔1〕桂南我軍再收復了鎮南關（今睦南關）。

7 月 7 日

〔1〕第四屆國民參政會第一次大會在重慶開幕。國民政府軍事委員會宣
佈：八年抗戰，截止現今，共計斃傷日軍及俘虜日軍達 250 餘萬人；中國陣
亡官兵 130 餘萬人，負傷 170 餘萬人，戰局現已轉守為攻。

〔2〕延安總部公佈八路軍、新四軍及華南抗日游擊隊 1945 年上半年主
要戰績。

〔3〕華南抗日游擊隊展開夏季攻勢。

7 月 8 日

〔1〕駐廈門日軍德本光信大隊在海澄、漳浦登陸。我第七十五師一個營
及中美合作所四個教導營進行截擊。

7月9日

〔1〕宋子文與斯大林進行會談。

7月11日

〔1〕本月中旬，由今日始七日內，第二十九軍曹玉珩一六九師連續收復雒容、中渡、黃冕。26日收復永福。第九十四軍李士林四十三師攻克丁嶺坳。

7月12日

〔1〕八路軍冀中軍區部隊發起大清河北戰役。

〔2〕宋子文第五次訪問斯大林。

7月13日

〔1〕中國解放區人民代表會議籌備委員會在延安正式成立，並召開首次會議，選出周恩來、林伯渠、續範亭等25人爲常務委員。

7月14日

〔1〕美第十四航空隊司令陳納德退休離華返美，斯特拉耶梅二級上將繼任。

7月16日

〔1〕湘中收復益陽。

〔2〕同日，美國在新墨西哥州首次試驗原子彈爆炸成功。

7月17日

〔1〕連日來、日軍連犯佛曇、漳浦、詔安、雲霄。向廣東撤退時，在分水關被盟軍飛機轟炸，死傷百餘人。

〔2〕日軍放棄江西贛州。

〔3〕美、蘇、英三國領導人杜魯門、斯大林和丘吉爾在德國波茨坦開會。會議主要討論研究處置德國的問題，並商討對日本作戰和解決歐洲其他問題。8月2日三國領導人簽署了《美英蘇三國的柏林（波茨坦）會議議定書》和《柏林（波茨坦）會議公報》兩個文件，通稱《波茨坦協定》。波茨坦會議是戰時美、英、蘇三國首腦最後一次會議，對迫使日本早日投降，鞏固反法西斯戰爭的勝利成果，維護戰後世界和平，起了積極作用。波茨坦會議結束

後，以中、美、英三國的名義發表了《波茨坦公告》，敦促日本無條件投降。

〔4〕國民政府外交部長宋子文與蘇聯駐華大使彼得羅夫由莫斯科飛返重慶。

7 月 19 日

〔1〕桂境第七十一軍王鐵林九十一師在上月底收復柳州、荔浦後，又收復馬嶺、白沙、陽朔。

7 月 20 日

〔1〕晉綏軍區八路軍攻克寧化堡。

7 月 23 日

〔1〕粵北中國軍隊收復南雄。

7 月 24 日

〔1〕魯西八路軍攻克陽谷、莘縣、壽張。

7 月 25 日

〔1〕冀中八路車解放交河縣。

7 月 26 日

〔1〕波茨坦公告正式對外發表。波茨坦公告全稱《中美英三國促令日本投降之波茨坦公告》，也叫《波茨坦宣言》。該公告是在波茨坦會議過程中發表的，蘇聯於同年 8 月 8 日正式加入。主要內容：1、盟國對日作戰直到它停止抵抗爲止，日本政府應立即宣佈無條件投降；2、《開羅宣言》的條件必須實施，日本的主權必將限於本州、北海道、九州、四國及盟國所決定的其他小島之內；3、日本軍隊要完成解除武裝，日本軍國主義必須永久剷除；4、日本戰犯將交付審判，阻止日本人民民主的所有障礙必須消除；5、不准日本保有可供重新武裝的工業等。

7 月 27 日

〔1〕冀南八路軍解放館陶、廣宗。

〔2〕同日，日本最高戰爭指導會議決定先看看蘇聯的態度，然後再決定

是否接受波茨公告的方針。

〔3〕中國軍隊三面會攻桂林。第九十四軍向義寧,第二十六軍向全縣、興安間攻擊前進,26 日克義寧後向桂林近郊推進。在各路部隊總攻下,九十四軍、二十軍於 27 日收復桂林。後續向東追擊。收復靈川、興安。收復全縣時日本業已投降,作戰遂告結束。此戰,中國軍隊共擊斃日軍 4000 餘人、擊傷 5000 餘人。

7 月 28 日

〔1〕日本鈴木首相發表拒絕接受《波茨坦公告》的聲明。

〔2〕東北抗聯教導旅以獨立步兵第八十八旅番號編入蘇聯遠東第二方面軍。

7 月 29 日

〔1〕中共中央主席毛澤東致電美國共產黨福斯特,祝賀美共粉碎白勞德修正主義,恢復美國共產黨。

7 月 30 日

〔1〕蔣介石以陳納德八年來協助中國抗戰,功績顯著,授予其最高榮譽之青天白日勳章。

7 月 31 日

〔1〕河北省八路軍解放鉅鹿。

1945 年 8 月　日本天皇宣佈無條件投降

8 月 1 日

〔1〕美國第十航空隊自緬甸調至中國。

8 月 2 日

〔1〕中國軍隊收復廣西靈川、湖南新寧、江西上高。4 日,收復吉水。

8 月 5 日

〔1〕中國國民政府代表宋子文、王世杰飛抵蘇聯。7 日與斯大林、莫洛

托夫舉行會議。8 月 14 日，中國政府被迫接受《雅爾塔協定》的條件，同蘇聯政府簽訂《中蘇友好同盟條約》及附屬協定。

8 月 6 日

〔1〕美國戰略空軍第二十航空隊第二○九特混大隊從馬里亞納群島提尼安島出動 B-29 重型轟炸機編隊 3 架飛向日本。當日 9 點 14 分 17 秒，攜帶原子彈的美國 B-29 轟炸機將視準儀對準了廣島一座橋的正中時，自動裝置被打開了。60 秒鐘後，原子彈從打開的艙門落入空中。45 秒鐘後，原子彈在離地 600 米空中爆炸。廣島市中心上空隨即發生震耳欲聾的大爆炸。頃刻之間，城市突然捲起巨大的蘑菇狀煙雲，接著便豎起幾百根火柱，廣島市馬上淪為焦熱的火海。當時廣島人口為 34 萬多人，當日死者計 8.8 萬餘人，負傷和失蹤的為 5.1 萬餘人。

8 月 8 日

〔1〕蘇聯對日本宣戰。蘇軍進攻在中國東北、朝鮮、庫頁島的日軍，發起遠東戰役。東北抗聯教導旅主力分批返回東北 50 餘個市縣，教導旅分遣傘降小隊隨蘇軍空降部隊行動。

8 月 9 日

〔1〕爺臺山反擊戰勝利結束，八路軍收復爺臺山等全部失地。

〔2〕毛澤東發表《對日寇的最後一戰》的聲明，號召中國人民的一切抗日力量舉行全國規模的反攻。

〔3〕蘇聯紅軍陸軍部隊計 80 個師和太平洋、黑龍江區兩艦隊各種艦艇 500 餘艘共總兵力 150 餘萬人，向中國東北的東、北、西各部邊境和朝鮮北部、庫頁島南部及千島群島的日軍同時發起進攻。至 23 日，蘇聯紅軍解放東北全境。

〔4〕美國戰略空軍第二十航空隊第二○九特混大隊從馬里亞納群島的提尼安島出動的 B-29 重型轟炸機編隊駛向日本，其中一架在日本長崎投下第二顆原子彈。

8 月 10 日

〔1〕八路軍延安總部朱德總司令向解放區所有武裝部隊配合蘇軍作戰的

第一號命令，命令各解放區所有抗日武裝部隊向敵僞發出通牒，限期繳械投降，如遇頑抗，即應予以堅決消滅。

〔2〕關東軍指示僞滿總務長官武部六藏：皇帝、政府首腦、特殊公司代表單身隨關東軍轉移通化。

〔3〕中國軍隊收復廣西全縣。

〔4〕日本天皇在御前會議決定接受波茨坦公告。並以照會託由瑞士政府轉達美、蘇、英、中國，請求投降。

〔5〕蔣介石下達 3 道命令，要八路軍原地駐防待命，令國民黨軍積極推進，令日僞軍維持地方治安。

8 月 11 日

〔1〕八路軍總司令朱德又連續發六道配合蘇聯紅軍作戰、準備接受日僞軍投降的命。命令華北、華中和華南各解放區的人民軍隊迅速前進，收繳日僞軍武裝，接受日軍投降。

〔2〕同日，蔣介石下達三道通令：一、國民黨軍隊積極推進，勿稍鬆懈；二、淪陷區地下軍及各地僞軍，各就現駐地點，負責維持地方治安；三、中共領導的解放區軍隊應就原駐地駐防待命，勿再擅自移動。

8 月 12 日

〔1〕國民政府軍事委員會下令「中共軍勿動候命」。同日，國民黨中宣部發言人發表談話說，第十八集團軍朱德總司令在 8 月 10 日於延安總部所發表的限令日僞軍投降的命令是一種「唐突和非法之行爲」。

〔2〕同日，麥克阿瑟以遠東盟軍總司令的名義，對日本政府和中國戰區的日軍下令：只能向國民黨蔣介石政府投降，不得向中國共產黨領導的抗日武裝力量繳械。

〔3〕八路軍、新四軍、華南游擊縱隊展開大反攻。

〔4〕八路軍、新四軍各一部開始進軍東北。

8 月 13 日

〔1〕毛澤東在延安幹部會議上作《抗日戰爭勝利後的時局和我們的方針》的講演，指出：中國兩種命運，兩個前途的決定勝敗的鬥爭自此開始，蔣介石要堅持獨裁和內戰的方針；中共的方式是針鋒相對，寸土必爭，基點是自

力更生，並作好各種準備。

〔2〕毛澤東起草了由第十八集團軍總司令朱德發給蔣介石的第一個電報，堅決拒絕了蔣介石8月11日要解放區抗日軍隊「原地駐防待命」的命令，揭露蔣介石的反革命面目，教育全國人民警惕蔣介石的內戰陰謀。

〔3〕東北抗聯第三路軍總指揮張壽筏（即李兆麟）率指揮部和第六、第九、第十二支隊主力，轉移到蘇聯北野營進行整訓。

8月14日

〔1〕蔣介石電邀毛澤東到重慶「共商國是」。

〔2〕日本天皇在御前會議上作出停戰的協定，同時決定照會盟國，照會中、蘇、美、英四國，表示接受《波茨坦公告》。頒發停戰詔書。

〔3〕杜魯門任命麥克阿瑟為接受日本投降的盟軍最高司令。

8月15日

〔1〕朱德以中國解放區抗日軍總司令名義為受降問題致美、英、蘇三國政府說帖。

〔2〕朱德給侵華日軍總司令岡村寧次停止一切軍事行動、立即投降的命令。

〔3〕蔣介石電岡村寧次所指揮的日軍要據守城市，等待國民黨軍接防；抵抗八路軍、新四軍的進攻等所謂「六項投降原則」。同時，又命令偽軍、漢奸龐炳勳、門致中、周佛海等為國民黨軍司令；命令陳公博以30萬軍隊負責控制南京、上海、杭州三角地區，以阻止新四軍攻佔。

〔4〕日本天皇向全國廣播，接受波茨坦宣言，向盟國無條件投降。日本天皇裕仁以廣播「終戰詔書」形式正式宣佈日本無條件投降。

〔5〕麥克阿瑟命令日軍停止戰鬥，並派代表至馬尼拉接受投降條款。

8月16日

〔1〕毛澤東起草以第十八集團軍總司令朱德名義發給蔣介石的第二個通電報，進一步揭穿了蔣介石集團準備內戰的陰謀，並提出了中共關於制止內戰的六項主張。

〔2〕國民政府派軍令部長徐永昌上將赴菲律賓。代表中國接受日本投降。

〔3〕新四軍克復南京附近的來安縣城。

8月17日

〔1〕蔣介石接岡村寧次覆電，內稱：「遵令派員接洽投降」。

〔2〕日本東久邇內閣成立，並下令全軍停止戰鬥。

8月18日

〔1〕大青山和綏南的八路軍反攻歸綏城。

〔2〕日本關東軍導演僞滿皇帝退位儀式。

〔3〕美軍在上海、廣州、天津、青島等地登陸。

〔4〕國民政府派陸軍總司令何應欽負責處理在中國戰區內之全部日軍投降事宜，並將中國戰區劃爲15個受降區，同時指定各受降主官。蔣介石完全剝奪了中國共產黨領導的抗日人民軍隊的受降權。

8月19日

〔1〕冀中八路軍攻入楊村、楊柳青。20日，攻入天津西站。

〔2〕溥儀等人被蘇聯紅軍逮捕。

8月20日

〔1〕蔣介石再次致電毛澤東，促速至重慶進行和平談判。並稱：「受降辦法，係盟軍總部所規定，未便因朱德一電，破壞信守。」

8月21日

〔1〕日本乞降使節岡村寧次的代表今井武夫一行8人飛抵芷江，向陸軍總司令部參謀長蕭毅肅接洽投降事宜。爾後，國民黨將中國戰區劃爲15個受降區，以何應欽爲全權代表。第一受降區：以第一方面軍盧漢爲受降主官，日軍投降部隊集中地是在越南北部，辦理投降事宜的地點在河內。第二受降區：以第二方面軍張發奎爲受降主官，日軍投降的部隊集中於廣州，在廣州辦理投降事宜。第三受降區：以第七戰區余漢謀爲受降主官，日軍集中和辦理投降的地點在汕頭。第四受降區：以第四方面軍王耀武爲受降主官，日軍集中於長沙、衡陽、岳陽，辦理投降事宜地點在長沙。第五受降區：以第九戰區薛岳爲受降主官，日軍集中於南昌、九江，辦理投降事宜地點在南昌。第六受降區；以第三戰區顧祝同爲受降主官，日軍分別集中於杭州、廈門，

辦理投降事宜在杭州。第七受降區：以第三方面軍湯恩伯爲受降主官，日軍
分別集中於南京、上海並在此辦理投降事宜，第八受降區：以第六戰區孫蔚
如爲受降主官，日軍集中於漢口、武昌，辦理投降事宜的地點在漢口。第九
受降區：以第十戰區李品仙爲受降主官，日軍分別集中以徐州、蚌埠、安慶，
辦理投降事宜地點在徐州。第十受降區：以孫連仲爲天津地區受降主官，日
軍集中於天津、北平、保定、石家莊，辦理投降事宜地點在北平；以李延年
爲濟南、青島、德州受降主官，日軍集中於青島、濟南，辦理投陣事宜地點
在濟南。第十一受降區：以第一戰區胡宗南爲受降主官，日軍分別集中於洛
陽、新鄉、鄭州，辦理投降事宜地點在洛陽。第十二受降區：以第五戰區劉
峙爲受降主官，日軍集中於鄆城、商丘，辦理投降事宜地是在鄆城。第十三
受降區：以第二戰區閻錫山爲受降主官，日軍集中地點和辦理投降事宜地點
在太原。第十四受降區：以傅作義爲受降主官，辦理投降事宜地點在歸綏。
第十五受降區：臺灣、澎湖列島，以陳儀爲受降主官，日軍集中地點由陳儀
決定。

今井武夫一行抵達芷江

〔2〕日本關東軍在哈爾濱正式向蘇聯紅軍投降（後蘇將日軍 59 萬 4 千餘人俘走）。

〔3〕同日，聯合國遠東戰爭罪犯委員會成立，中國顧維鈞當選爲主席。

8 月 22 日

〔1〕中共中央決定先派周恩來赴渝，與蔣介石進行和平談判。

〔2〕蘇聯空降部隊解放旅順、大連。

〔3〕日本降使今井武夫接受中國方面備忘錄。

8 月 23 日

〔1〕蔣介石第三次電邀毛澤東，並謂：盼與周恩來同來重慶，商決各種重要問題。

〔2〕國民政府把關於受降補充規定交給今井武夫，內容爲：⑴日軍在把武器移交給國民黨之前，應負責作傚之防禦；⑵駐華日軍應採取有效措施對付共產黨軍隊，任何據點如果爲非國民黨軍隊佔領，日軍應負責收回，再交國民黨軍隊。嗣後，今井武夫返南京，轉交岡村寧次。

8 月 25 日

〔1〕中共中央發表《對於目前時局的宣言》，提出和平、民主、團結三大口號，要求國民黨立即實現和平，避免內戰。

〔2〕晉察冀區八路軍解放張家口。

〔3〕國民政府批准 14 日與蘇聯政府簽訂的《中蘇友好條約》，其內容：⑴蘇聯允許給中國各種援助完全給國民黨政府。⑵蘇聯尊重中國在東北三省的充分主權，及領土行政完整。⑶關於新疆問題，蘇聯無干涉內政之意。⑷外蒙古獨立問題，由公民投票決定。⑸大連辟爲自由港，旅順爲兩國共用軍港，爲期 30 年。⑹中東、南滿鐵路之幹線，由中蘇共管，均以 30 年爲期。⑺日本投降後，三月內東北三省蘇軍全部撤退。

〔4〕漢奸陳公博受日軍包庇，潛逃日本。

8 月 27 日

〔1〕國軍先遣部隊大批空運至南京、上海，並進入北平、開封等大中城市。

〔2〕重慶國民黨《中央日報》公佈《中蘇友好條約》全文。

〔3〕赫爾利和張治中飛抵延安。

8月28日

〔1〕毛澤東、周恩來、王若飛與赫爾利、張治中同飛抵重慶，與國民黨政府進行談判。

8月29日

〔1〕毛澤東、周恩來與蔣介石等舉行談判。

8月30日

〔1〕國民政府在長春設立軍事委員會東北行營，指揮國民黨軍搶佔東北，並將東北劃爲遼寧、安東、遼北、吉林、松江、合江、黑龍江、嫩江、興安等九省。

8月31日

〔1〕國民黨在昆明舉行中、美聯絡會議，討論國民黨各部隊空運順序。

〔2〕同日，中國政府受降代表團團長徐永昌一行抵日本橫濱。

1945年9月　中國正式舉行接受日軍投降儀式

9月1日

〔1〕國民政府特派李宗仁爲軍事委員會委員長北平行營主任，熊式輝爲東北行營主任。

9月2日

〔1〕國民黨軍搶佔南京、上海，並開始大批空運軍隊至全國各大城市及軍事戰略要地。

〔2〕日本政府代表於停泊在東京灣的美國戰列艦「密蘇里」號上簽署投降書。代表日本政府在投降書上簽字的代表是新任外相重光葵和日本參謀總長梅津美治郎。隨後，接受投降的同盟國代表：盟軍最高統帥麥克阿瑟五星上將，美國尼米茨海軍五星上將、中國徐永昌將軍、英國福萊塞海軍上將、蘇聯杰列維亞科中將，以及澳大利亞、加拿大、法國、荷蘭、新西蘭等國的

代表依次簽字。根據盟國協議，盟軍最高司令官麥克阿瑟在第一號指令中，以北緯 38 度線爲界作爲美、蘇兩國軍隊分別受理駐朝日軍的投降事宜和對日開展軍事活動的臨時分界線，以北爲駐朝蘇軍受降區，以南爲美軍受降區。日本投降後，美、蘇軍隊分別進駐三八線南北地區。

9月3日

〔1〕今日爲抗日戰爭勝利紀念日。至此，中國人民偉大的抗日民族解放戰爭勝利結束。這是近百年來中國人民反對外國侵略者的鬥爭中所取得的第一次完全的勝利。

〔2〕聯合國各國一致慶祝「勝利」。

9月9日

〔1〕中國正式舉行接受日軍投降儀式。受降儀式在南京黃埔路的陸軍總司令部禮堂舉行，由中國戰區最高統帥代表、中國國民政府陸軍總司令何應欽接受日本帝國政府及大本營代表、中國派遣軍總司令官、陸軍大將岡村寧次簽署並呈遞的投降書，隨後劃分 15 個受降區，接受日軍投降。時至 1946 年 4 月，中國政府共接收日軍中國派遣軍總司令部及下屬方面軍司令部 3 個、軍司令部 10 個、師團 36 個、獨立旅團 41 個、獨立警備隊 19 個、海軍陸戰隊 6 個，共 1283240 人；收繳槍枝 776096 支、火炮 12446 門、坦克 383 輛、裝甲車 151 輛、卡車（含特種車）15785 輛、馬 74159 匹、飛機 1068 架、艦艇船舶 1400 艘（總排水量約 5.46 萬噸）。另有僞軍 95 萬人。

何應欽接過岡村寧次呈遞的投降書

日軍華北方面軍司令官根本博中將在「投降代表」下簽字

續說：日本戰爭罪犯的下場

　　遠東國際軍事法庭對日本戰犯的判決。1946 年 1 月 19 日，對日作戰盟軍最高統帥部宣佈設置有中國、美國、英國、蘇聯、法國、荷蘭、加拿大、澳大利亞、新西蘭、印度、菲律賓等 11 國參加的遠東國際軍事法庭。法庭確認日本「發動及執行侵略戰爭是犯罪」。審訊工作從 1946 年 5 月 3 日開始，到 1948 年 11 月 12 日結束，經過兩年半的審判，以大量確鑿的證據，判處了 25 名日本戰犯。其中土肥原賢二、廣田弘毅、坂垣征四郎、木村兵太郎、松井石根、武藤章、東條英機等七人被判處絞刑；荒木貞夫、橋本欣五郎、畑俊六、平沼騏一郎、星野直樹、木戶幸一、小磯國昭、南次郎、鈴木貞一等 16 人被判處無期徒刑；東鄉茂德被判處有期徒刑 20 年；重光葵被判處有期徒刑 7 年。

　　與此同時，中國也在南京、上海、北京等 10 個地方成立審判日本戰犯法庭，對日本乙、丙級戰犯進行了審判。從 1945 年 8 月到 1947 年 5 月，中國各地共逮捕日本戰犯 2357 名。經過各地的緊張審判，35 名戰犯被執行死刑，遣返回日本者 933 名，引渡出國者 27 名，尚有在押戰犯 1137 名，轉移到司法機關者 100 名。南京審判日本戰犯軍事法庭專案審理了南京大屠殺一案，判處主犯谷壽夫及殺人比賽的劊子手向井敏明、野田毅、田中軍吉等人死刑，使日本軍國主義分子得到應有的下場。

日本戰犯谷壽夫在雨花臺刑場伏法。此刻，谷壽夫已經嚇癱了，連站都站不穩。行刑憲兵將他架下囚車，面對中華門方向跪下。

　　被處死還有在中國犯下了滔天罪行的戰爭罪犯：日軍第二十三軍司令官
酒井隆、第十師團長香港「總督」磯谷廉介、被稱為「華南之虎」的第二十
三軍司令官兼香港總督田中久一、第九十二旅團少將旅團長平野儀一。華南
派遣軍憲兵隊長重藤憲文、第一三〇師團師團長近藤新八、香港憲兵隊隊長
野間助之賢、侵華日軍第五十五軍參謀長鏑木正隆、艦隊第十六戰隊司令官
左近允尙正、臺灣混成旅團步兵第二聯隊補充隊隊長田中透等。

　　隨著抗日戰爭的勝利，不久，中國內戰逐步展開，生靈塗炭，百姓又一
浩劫。

參考文獻

1. 中國第二歷史檔案館編：《中華民國史檔案資料彙編第四輯（一）》江蘇古籍出版社 1993 年。

2. 中國第二歷史檔案館編：《中華民國史檔案資料彙編第二編第五輯（軍事）》江蘇古籍出版社 1993 年。

3. 張憲文主編《抗日戰爭的正面戰場》河南人民出版社 1987 年。

4. 黨德信楊玉文主編《抗日戰爭國民黨陣亡將領錄》解放軍出版社 1987 年。

5. 張子申薛春德編著《走向神社的哀歌》解放軍出版社 1994 年。

6. 費正李作民張家驤《抗戰時期的偽政權》河南人民出版社 1993 年。

7. 孫挺信《國民黨敵後抗日游擊軍》西南交通大學出版社 1993 年。

8. 李文金爽《國魂》團結出版社 2005 年。

9. 郭汝瑰黃玉章主編《中國抗日戰爭正面戰場作戰記》（本書示意圖仿此）江蘇人民出版社 2002 年。

10. 蕭一平，郭德宏主編《中國抗日戰爭全史》四川人民出版社 2005 年。

11. 馬洪武主編《華中抗日根據地史》當代中國出版社 2003 年。

12. 王聚英著《八路軍抗戰簡史》解放軍出版社 2005 年。

13. 丁龍嘉著《重整齊魯河山——山東人民抗日戰爭紀實》山東人民出版社 2005 年。

14. 岳思平主編《八路軍》中共黨史出版社 2005 年。

15. 中國人民革命軍事博物館編輯《抗日戰爭時期敵後根據地軍民大反攻形勢圖》地圖出版社：1980 年。

16. 粟裕著《粟裕論蘇中抗戰》江蘇人民出版社 1992 年。

17. 本書編委會編《抗戰名將風雲錄》華文出版社 2005 年。

18. 中共中央黨史研究室編《中國共產黨歷史》中共黨史出版社 2002 年。

19. 石魁史立成編著《共產黨抗戰英傑》解放軍出版社 1995 年。

20. 中共中央黨史研究室組織編寫:《中流砥柱——中國共產黨與全民族抗日戰爭》,中共黨史出版社 2005 年。

21. 沙健孫著《中國共產黨與抗日戰爭》中央文獻出版社 2005 年。

22. 李麗,張明編《抗日戰爭中的中共領袖》中央文獻出版社 2005 年。

23. 忻平著《1937:深重的災難與歷史的轉摺》上海人民出版社 1999 年。

24. 《中國共產黨武裝力量抗戰紀實》(叢書包括以下五種)湖南人民出版社 2005 年。

25. 《八路軍 115 師征戰實錄》。

26. 《八路軍 120 師征戰實錄》。

27. 《八路軍 129 師征戰實錄》。

28. 《新四軍征戰實錄》。

29. 《東北抗日聯軍征戰實錄》。

30. 中國人民協商會議全國委員會文史資料研究委員會《原國民黨將領抗日戰爭親歷記》(叢書包括以下十二種)中國文史出版社 1986 年——1995 年陸續出版。

31. 《從九一八到七七事變》。

32. 《七七事變》。

33. 《八一三淞滬抗戰》。

34. 《南京保衛戰》。

35. 《徐州會戰》。

36. 《晉綏抗戰》。

37. 《中原抗戰》。

38. 《武漢會戰》。

39. 《湖南四大會戰》。

40. 《閩浙贛抗戰》。

41. 《粵桂黔滇抗戰》。

42. 《遠征印緬抗戰》。